하느님이 보내신 사람들의
행복 지키기

윤민수 지음

하느님이 보내신 사람들의 행복 지키기

1판 1쇄 발행 2024년 5월 20일

지은이 윤민수

교정 주현강   편집 이새희
마케팅·지원 김혜지

펴낸곳 (주)하움출판사   펴낸이 문현광

이메일 haum1000@naver.com   홈페이지 haum.kr
블로그 blog.naver.com/haum1000   인스타 @haum1007

ISBN 979-11-6440-563-3(03230)

행복한 삶을 위해
확인해야 할 소소한 것들

차례

프롤로그
매력적인 사람으로 성공하여 행복해지기

• 014

제1장 매력적인 사람이 되는 법

2장 성공한 사람이 되는 법

3장 행복한 사람이 되는 법

그렇게 여러분은

험난한 과정을 뚫고

살아남은 생명체이다.

그렇기에 더욱 고귀하고

소중한 존재이다.

매력적인 사람으로 성공하여 행복해지기

국회미래연구원이 2022년 수행한 '미래정책의 국민선호 연구'에서 '15년 뒤 미래는 지금보다 더 좋아질까', '개인이 미래를 바꿀 수 있을까', '15년 뒤 내가 바라는 미래가 실현될까'라는 세 가지 질문을 한 결과, 20대는 미래 낙관, 참여 기대에 6.5%, 30대는 10%만 동의한 반면, 40대 21.9%, 50대 24.5%, 60대 이상이 37.1%로 동의했다고 한다.

그 구조적인 이유를 찾아보면 일자리가 서울·경기 지역에 몰려 있어 대출을 받아 수도권에 집을 사야 하는데 집값이 비싸 대출금을 갚기도 빠듯하고 또한 앞으로는 인공지능 로봇의 발달로 인해 사람이 할 수 있는 일자리조차 사라질 위기에 처해 있다는 인식이다. 그리고 지방은 일자리도 없고 더 많은 기회를 얻기 위해 지역을 떠나기 때문에 지방의 인구는 점점 감소하고 이로 인해 미래를 계획할 수 없다는 생각이 팽배해지고 있다는 생각이다.

또한 최근에는 남녀 갈등이 그 어느 때보다 심각하며, 거기에 세대 갈등까지 더해 청년들 중 한정된 공간에서 은둔하며 외톨이로 지내는 사람들이 많아지고 있는데, 이들을 '은둔형 외톨이'라고 부른다고 한다. 그 숫자는 정확히 알 수는 없지만 대략 한국 청년(19~35세) 인구에 대입하면 37만여 명으로 추정할 수 있다고 한다.

그렇다면 우리는 이러한 구조적인 문제를 극복하지 못하기 때문에 청년의 미래는 무조건 불행해야 하는 것인가 하는 반문을 할 수 있다. 나는 결코 그렇게 생각하지 않는다. 청년은 대한민국의 미래이기 이전에 그들은 태어나는 순간부터 행복해야 할 존재이다. 그래서 구조적인 문제에 한탄하며 자조하기보다는 스스로 어떻게 하면 행복할 수 있는지 방법을 찾고 그들과 공유하고 싶다. 그래서 그들이 행복한 인생을 살게 하고 싶은 것이 이 책을 쓴 목적이다.

철학자 아리스토텔레스는 "인간 존재의 궁극적인 목표는 행복이다."라고 했다. 그러나 사실 행복은 인간이 만족치만 낮추면 인생의 여정에 늘 있는 것이라고 생각한다.

위키피디아를 찾아보면 우주는 138억 년 전에 발생되었다고 한다. 또한 지구는 약 46억 년 전에 태양계의 형성과 동시에 시작되었다고 한다. 그리고 인간은 지금으로부터 4~5백만 년 전, 에너지 폭발에 의해 원시 인류가 나타났다고 한다. 이러한 인류가 만들어지고 오랜 시간 지켜본 하느님은 인간을 보았을 때 하루살이라는 생각이 드실 것이다. 그 하루살이들이 평생을 사는 줄 알고 끊임없는 욕심에 서로에게 상처를 주고 불구덩이에 먼저 다가가 죽기도 하는 모습을 보고 얼마나 한심해하실까 하는 생각이 든다.

우리는 아침에 일어나 이런저런 생각을 하다 보면 이내 걱정에 사로잡히고 불안할 때가 있다. 이럴 때 우리가 하루살이라는 존재를 인식하고 오늘 하루에 충실하자고 생각을 가다듬다 보면 이내 걱정은 사라진다. 인간에게 주어진 가장 큰 선물 가운데 하나는 어디에 초점을 맞출지 선택할 수 있는 능력이기 때문이다. 그렇기에 이 책에서 행복한 삶을 위해 소소한 것들을 확인하고, 확인된 것들에 대해 하나씩 행동으로 옮기다 보면 늘 행복한 삶의 중간에 있는 자신을 확인할 수 있다. 그러한 행복은 또 다른 행복을 만들고 결국 우리의 인생이 삶의 끝에서 행복했음을 깨달을 수 있는 것이다.

행복한 사람이 되기 위해서는 먼저 자신을 매력적인 사람으로 가꿀 필요가 있다. 매력적인 사람이 되면 자연스럽게 성공할 수 있는 가능성이 커지고, 성공하게 되면 행복한 인생이라고 할 수 있다. 이 책에서 언급하는 것들은 말 그대로 큰돈을 들이지 않고 할 수 있는 소소한 것들이다. 말은 생각을 바꾸고 생각은 행동을 바꾼다. 좋은 말과 좋은 행동을 하면 운이라는 것은 자연히 따라오게 되어 있다.

청년은 대한민국의 미래이다. 따라서 그들이 이 구조적인 이유에 좌절하지 않고 어두운 터널에서 나와 스스로 끊임없는 해답을 찾는 지속적인 행동을 통해 행복한 미래를 찾을 수 있다면 우리 대한민국의 미래 또한 밝은 것이다.

보통 아기의 걸음마 시기는 빠르면 생후 8~9개월, 보통은 돌 전후, 아무리 늦어도 15~16개월이라고 한다. 8개월에 아이가 일어선다고 보고, 하루에 약 30번 정도 넘어진다고 하면 한 달 정도 지날 때는 900번이고, 두 달 정도 지나 10개월이 되면 1,800번, 넉 달 정도 지나 12개월이 되면 적어도 3,600번 정도 넘어졌다 일어서는 것이다.

그런데 이때 가장 중요한 것은 보행기를 해 주는 등 넘어지지 않도록 하는 것이 아니다. 다시 일어서는 힘을 주는 것이다. 결국 수없이 넘어져 봐야 일어서는 법을 배울 수 있는 것이다. 다시 일어서는 법을 배우지 못하면 아이는 평생 걷지 못하게 된다.

우리는 수능에 실패하고, 원하는 회사에 취직하는 것에 실패하고 또 사랑하는 연인에게 버림받고, 사업에 실패하면 그 순간 세상이 끝날 것이라고 생각한다. 물론 나 또한 그런 과정을 겪어 왔기에 그 순간에는 그런 생각에서 쉽게 벗어나기가 힘들다. 하지만 사실 그렇지 않다. 결국 시간이 지나면 될 일은 되고 안 될 일은 안 된다. 이성한테 차였다고 결혼을 못 하는 것도 아니고, 반대로 마음먹고 지독하게 무엇을 한다고 다 되는 것도 아니다. 인생이 여러분이 생각하듯이 계획대로 백 프로 되지는 않는다. 물론 때론 될 때도 있다. 하지만 전체적으로 보면 어떤 일은 계획했던 대로 될 때도 있고 어떤 일은 계획했던 대로 되지 않는다. 따라서 어떤 일을 하더라도 넘어질 수 있으니 다시 일어선다는 마음으로 임하면 된다. 완전히 이를 악물고 악착같이 할 필요도 없다. 그리고 잘 일어서려고 완벽한 포즈를 잡을 필요도 없다. 그냥 다시 일어서기만 하면 된다.

여러분은 그 자체로 소중한 존재임을 잊지 말았으면 한다. 왜냐하면 지구상에 인류가 나타나고 수많은 사람이 죽었을 것이다. 이름 모를 예쁜 독버섯을 먹다 죽었을 수도 있고, 복어를 잡아먹다 복어 독에 죽었을 수도 있고, 호랑이에 물려 죽었을 수도 있고, 가시에 찔려 항생제가 없어 죽었을 수도 있다. 어떤 경우 적에게 쫓겨 도망가다 길을 잘못 선택해 급물살에 휩쓸려 죽은 사람도 많을 것이다. 만약 여러분의 조상이 이분들 중 한 분이었다면 여러분은 아예 태어나지도 못했을 것이다.

그렇게 여러분은 험난한 과정을 뚫고 살아남은 생명체이다. 그렇기에 더욱 고귀하고 소중한 존재이다. 거기에 더해 하느님은 태어나는 순간부터 여러분에게 많은 돈을 주셨다. 국제암시장 가격 기준으로 심장이 약 1억 3420만 원이고, 간이 1억 7천만 원, 신장이 2억 9560만 원이라고 한다. 이것들만 합쳐도 약 6억 원은 가지고 태어났고, 기타 장기를 다 합치면 최소 10억 원 이상은 이미 가지고 태어난 것이다. 그런데 볼 수 있고 걸을 수 있고 먹을 수 있다면 얼마나 행복한 존재이겠는가?

〈쇼퀸〉이라는 TV 프로그램에서 심사위원들을 울게 만든 가수가 있었다. 김민지라는 여성인데 태어날 때부터 앞을 보지 못했다고 한다. 그래도 희망을 잃지 않고 밝게 살아가고 있고 결혼도 해서 방송에까지 나와 당당하게 도전하는 것을 보고 깊은 감명에 빠졌었다.

나도 두 청년의 아버지다. 이번에 둘째가 대학에 들어갔다. 대학을 시작으로 앞으로 사회를 살아가면서 많은 좌절이 그들에게 닥칠 것이라 생각한다. 하지만 우리 아이들도 여러분과 같이 행복한 삶을 위해 이 소소한 것들을 터득해 각자 행복 꿈지기가 되었으면 한다.

주님, 우리가 바라는 것들의 보증이며
보이지 않는 실체들의 확증인 믿음을 더해 주소서.

- 히브리서 11장 1절 -

제 1 장

매력적인 사람이 되는 법

배려와 존중

✳️　　　좋은 관계를 유지하기 위해서는 제일 중요한 것이 서로에 대한 배려와 존중이다.

자식은 하늘의 인연으로 맺어진 천륜의 관계지만 그 외의 관계는 사실 서로의 필요에 의해 만나게 되는 관계다.

그런데 끊어질 수 없는 자식과의 관계조차도 좋은 관계를 유지하기 위해서는 배려와 존중을 해야 하는데, 하물며 다른 사람에게 친절하고 겸손하게 대해야 함은 좋은 관계를 유지하기 위해 당연한 것이라 할 수 있다.

배려는 결국 감사를 만나서 예쁜 사랑을 잉태한다.

대화의 스킬

✹　　　　대화를 잘하는 사람이 되기 위해서는 같은 말을 반복하지 말아야 한다. 글을 쓸 때도 좋은 글은 같은 이야기를 반복하지 않는 글이다. 대화를 할 때도 마찬가지다. 대화를 잘하는 사람들은 상대방을 지루하게 하지 않는다.

대화의 맥락을 잘 파악하자. 같은 주제로 계속해서 대화를 나누다가 어떤 주제가 조금 지루해지거나 루즈해졌다고 느껴질 때 다른 주제로 전환을 빠르게 하거나, 좀 아쉽다고 느껴질 때 그 주제에 대한 좀 더 솔직한 자신의 얘기를 하고 또 더 깊은 대화를 나누려고 하자. 그러면 대화는 훨씬 더 즐겁고 서로에게 유익해진다.

대화에서 배운 나쁜 점은 버리고, 좋은 점은 나에게 적용하려 노력하자.

스스로 일어서는 노력

✹　　　　최대한 스스로 일어설 수 있도록 노력해야 한다.

　역전에 가면 비둘기들을 많이 볼 수 있다. 원래 야생동물인 비둘기에게, 같은 자리에서 계속 먹이를 주다 보니, 그 비둘기들은 먹잇감을 찾으려는 노력도 하지 않게 되어, 역전 주변에만 모이게 된다. 만약 모이를 주는 사람이 없어지면 결국 자생 능력이 없어 도태되어 버린다.

　사람도 부모나 지인에게서 계속해서 도움만 받게 되면 결국 도움에 의존하게 되어 스스로 자립을 하지 못하게 된다.

어제보다 나은 오늘

✹　　　　많은 것을 바라지 말고 어제보다 한 가지만 나아지도록 하자.

출근하면서 직장 동료에게 웃으며 인사해 보자.
하루 한 문장이라도 좋은 글이 있으면 적어 보자.
어제 이불을 개지 않았다면 오늘 이불을 개 보자.
오늘 하나라도 선행을 베푸는 사람이 되어 보자.

삶이 윤택해짐을 느낄 수 있을 것이다. 단순히 똑같은 하루를 보내는 정체된 삶이 아니라 무엇인가 새로운 것이 생기길 기대할 수 있는 발전하는 하루가 될 것이다.

그 분은 정의와 공정을 사랑하시는 분.
주님의 자애가 땅에 가득하네.

- 시편33장 5절 -

목소리 조절

✳   흥분한 상황일수록 의도적으로 목소리를 조절하자.

흥분하게 되면 말의 속도는 빨라지고 목소리 톤은 높아진다. 그러다 보면 충분히 생각하지 않고 말을 뱉게 되고, 그 말은 서로에게 씻지 못할 상처를 남기고, 심할 경우는 소중한 인연을 한순간에 돌아서게 만들 수도 있다.

상대방에게 화가 났을 때 상대방이 하는 말에 바로바로 대응하지 말고, 잠시 3초 정도 생각하는 모습을 보여 주자. 아니면 아무 말 없이 가만히 있자.

그리고 상대방이 설령 자신과 맞지 않는 가치관을 갖고 있거나 자신이 생각했을 때 말도 안 되는 소리를 하더라도 우선은 10분간 경청하자.

그 10분을 참느냐 끊느냐에 따라 내 편이 되기도, 적이 되기도 한다.

리액션

✹　　　　리액션은 상대를 즐겁게 만들고 힘이 나게 하는 엔도르핀과 같은 역할을 한다.

　때론 의견이 다른 경우에도 상대방을 인정해 주자. 틀리다고 하는 게 아니라 다른 것이기 때문에 상대방을 인정하고 먼저 존중해 주면 상대방도 마찬가지로 나를 존중해 줄 것이다. 그렇게 되면 대화는 훨씬 더 생산적으로 진행될 수 있다.

　이성을 내 사람으로 만들고 싶은가?
　그러면 상대에게 눈을 맞추고 부드럽게 미소 지으며 열심히 고개를 끄덕여 보라. 어느새 상대방은 당신에게 호감을 가질 것이다.

자기 긍정의 모습

✳   자신을 긍정적으로 상대방에게 표현하자.

상대방은 당신이 표현한 것을 그대로 인식하기 때문이다. 당신이 스스로를 나쁘게 말하면 당신은 당신이 말한 그대로 취급받을 수 있다.

우리는 가끔 어떤 자리에서 "내가 부족하지만….", "잘 모르겠지만…." 하는 상투적인 표현을 쓰곤 한다.

하지만 이런 표현보다는 상대방에게 당신은 품격 있는 사람이며 그런 당신이기에 당신이 선택한 나도 품격이 있는 사람임을 느낄 수 있도록 표현하자.

예를 들면 누구를 만났을 때, "당신과 같이 멋진 사람과 인연을 함께하고 있음이 감사합니다. 저도 당신에게 늘 보탬이 될 수 있는 사람이 되겠습니다."라고 표현하면 상대방도 높이고 그런 사람과 함께하고 있는 나도 높이는 결과가 될 수 있다.

정리하는 습관

☀   자리를 떠날 때는 자신이 있었던 곳을 깨끗이 정리하
는 사람이 되자.

책상 위에 너저분한 물건이 놓여 있는지, 앉았던 식당 의자를 제자
리에 놓았는지, 휴지는 휴지통에 버렸는지, 마음 쓰는 사람이 되자.

사실 어떤 자리를 떠날 때 그 자리를 치우는 것은 그리 어려운 일
도 아니지 않은가? 가끔 청소 봉사를 하다 보면 길거리에 버려진 담
배꽁초를 많이 보게 된다. 그 짧은 시간에 불쾌감이 느껴지는 것은
어쩔 수 없는 것 같다. 남에게 매력적인 사람이 되기 위해서는 최소
한 내가 있었던 자리를 깨끗이 정리하는 사람이 되어야 한다.

주님께서 당신 백성에게 권능을 주시리라.
주님께서 당신 백성에게 평화로 강복하시리라.

- 시편 29장 11절 -

장수의 원리

아들이 군에 들어간 지가 엊그제 같은데 벌써 일 년이 지났다. 아들이 입대할 때 아내의 갱년기가 동시에 찾아와 한동안 아들의 이야기는 아내와 나의 초미의 관심사가 되었다. 논산에서 훈련받고 최전방인 강원도 화천에 배치되었다는 소식을 들었을 때, 아내는 안절부절못했고, 30개월을 양구에서 근무한 나의 이야기도 아내에게는 전혀 들리지 않는 것 같았다. 그랬던 아들이 어느새 제대 5개월을 앞두고 5박 6일의 짧은 휴가를 나온다고 한다.

대학에 입학했을 때 코로나로 인해 제대로 대학 축제도 즐기지 못하고 간 그는 모교 축제 기간에 맞춰 휴가를 나왔는데 가족들과 주어진 기간은 이틀, 나머지는 서울에 있는 친구들과 만나 시간을 보내는 것 같다. 매우 아쉽지만 그래도 아들과 함께할 수 있는 짧은 이틀이 소중하게 느껴진다.

늘 무엇인가 아들이 지금 꼭 듣고 싶고, 또 해 줘야 할 이야기가 있으면 나는 그에게 격려와 사랑을 담아 이야기한다. 나의 이야기에 가볍게 고개를 끄덕이며 호응하는 아들을 보면 든든하게 느껴진다. 아들은 나에게 요즘 마라톤에 빠졌다고 이야기한다. 그런데 그 이야기를 듣는 순간 되도록 무리하지 말고 가볍게 즐기라고 이야기하고 싶었지만 나는 꾹 참았다. 아들이 좋아하게 된 운동인데 바로 그의 말을 부정하는 것 같아 속으로만 삼켰다.

그런데 그날 저녁 가족들과 식사하고 많이 늦은 시간에 운동하기 위해 아들은 집을 나서는 것이었다. 밤 11시에 운동을 하는 것도 그렇게 좋지 않은데 아들은 멋진 몸매를 유지하고 싶었는지 운동복 차림으로 예전에 신던 해진 운동화를 신고 문을 나서는 것이었다. 그리고 나는 하루를 마무리하고 잠자리에 들었다. 다음 날 매일 하던 루틴으로 새벽에 일어나 가볍게 국선도 준비운동을 하고 청송대로 향했다. 맑은 공기는 나의 엔도르핀을 높이는 것 같았고, 이어폰에서 흘러나오는 좋은 이야기는 나의 상상력을 자극했다. 그렇게 행복한 시간을 가지고 집에 돌아와 샤워했다. 잠시 뒤 아들이 방에서 문을 열고 나오는 것이었다. 그런데 무릎이 불편했는지 나에게 "아빠, 오른쪽 무릎 옆이 아파요." 하는 것이었다. 나는 빨리 맨소래담을 우선 발라 주고 잠시 그와 이야기를 나누었다.

"아빠가 인생 비밀 한 개 이야기해 줄게." 하고 나는 서두를 꺼냈다. "인간은 태어나 죽을 때까지 약 15~23억 번의 심장이 뛰고 그것이 다하면 죽게 된단다. 쥐는 분당 약 500~700회 정도 뛰기 때문에 평균 수명이 3년 정도이고, 분당 3회 정도 뛰는 거북이는 평균 수명이 250년 이상, 분당 120회를 뛰는 강아지는 평균 수명이 15년 전후란다.

그런데 마라톤 같은 과격한 운동을 하게 되면 심장 박동 수가 늘어나기 때문에 자동으로 수명은 단축될 수 있단다. 보통 마라톤 선수들이 오래 못 사는 이유가 거기에 있단다. 물론 예외는 있을 수 있다. 우리 신체 나이의 최전성기는 27~29세 사이가 대부분이란다.

그 이후는 최전성기 때의 신체를 하나씩 하나씩 쓰면서 살아가는 것이다.

돈을 많이 벌고 크게 성공하는 것만이 결코 인생을 잘 사는 삶은 아니란다. 결국 오래 건강하고 행복하게 사는 것이 정말 잘 사는 삶이란다.

아빠 지인 중에 미다스의 손이라는 별명을 가진 분이 계셨단다. 그런데 그분은 당뇨병이 있으셨어. 그런데 운동은 하지 않고 매일 집에서 친구들을 불러 고스톱을 치고, 여자 친구들과 즐기며 사셨단다. 그런데 어느 날 얼굴이 너무 좋아서 아빠는 그분에게 여쭤봤단다. '형님, 얼굴이 매우 좋으세요?' 했더니 산삼을 드셨다는 거야. 나는 '그렇구나.' 하고 생각했었어. 그런데 며칠 뒤 돌아가셨다는 소식을 접했어. 그렇게 돈을 많이 가지고 계시는 분이…. 나는 빈소를 찾았는데 형님의 모습은 영정 안에 있고 그 많은 돈은 가족들에게 남겨져 인생 아무 소용없다는 것을 볼 수 있었단다.

그래서 각자의 최전성기 건강을 유지하기 위해 늘 신경을 써야 한단다. 젊음을 믿고 너무 무리한 운동을 하면 절대 좋지 않단다. 또한 건강하다고 신체를 함부로 다루면 특히 더욱더 안 된단다. 그래서 마라톤을 한다고 할 때도 꼭 무릎에 보호대를 해서 나의 신체를 최대한 아끼며 살아야 한단다." 하고 이야기해 주었다. 아들은 이해했는지 당장 내일 무릎 보호대를 사러 가자고 한다. 나는 즐거운 마음으로 대형 마트에 들러 아들과 함께 좋은 무릎 보호대를 샀다. 그렇게 짧지만 소중한 이틀을 보내고 아들은 서울로 올라갔다.

나이가 들어 무릎이 좋지 않아 잘 걷지 못하면 또 위장의 소화력이 떨어지고, 소화력이 떨어지면 변비가 되고, 변비가 되면 하루가 힘들어진다. 그렇게 악순환이 되는 것이다. 따라서 젊었을 때 이 원리를 깨닫고 최전성기의 신체를 잘 유지할 수 있도록 하여 오래오래 잘 사용하는 것이 결국 여러분의 긴 인생에 있어 행복을 담보할 수 있다는 것을 깨달았으면 하는 바람이다.

유연한 포용

✳   누군가의 실수를 전혀 내색하지 않고 주위의 시선을 분산시켜 주는 순발력을 발휘하자. 그 순간 당신은 누구보다 매력적인 사람이 될 것이다.

영국 여왕 엘리자베스 1세가 인도의 귀족을 초청해 만찬을 베풀었다. 식탁에는 성대한 음식과 손을 씻는 '핑거볼'이라는 물그릇도 있었다. 그런데 인도 귀족이 그만 그 그릇의 물을 마시고 말았다. 그때 여왕은 인도의 귀족이 무안하지 않게 만들기 위해 자기 앞에 있는 핑거볼을 마셨다. 다른 영국 귀족들도 여왕의 모습을 보고 핑거볼을 맛있게 마셨다고 한다. 이 사실을 나중에 안 인도 귀족은 여왕에게 감동했고 그 사실을 옆에서 지켜본 귀족들도 여왕의 품격에 깊이 매료되었다고 한다. 특히 상대의 실수가 발생할 것을 알고 미리 알려 준다면 최고로 매력적인 사람이 될 수 있다.

예쁜 말씨

✸ 　　사람의 정신은 자신이 쓰는 말과 같다. 말과 행동은 처음부터 타고나는 것이 아니다. 살면서 계속 스스로를 발전시키기 위해 노력해야 한다.

　대화를 시작할 때 상대방이 이미 믿고 있는 우호적인 말로 이야기를 시작하자. 오버스트리트 교수의 저서 《인간 행동에 영향을 미치는 법》에서 보면 상대방이 처음에 "네."라고 말하도록 상황을 유도하라고 한다. 인간은 본능적으로 "아니오."라는 대답을 하게 되면 자존심 때문에라도 내뱉은 말을 바꾸지 않으려고 한다는 것이다.

　그래서 우리가 만약 상대방에게 제안하려고 하는 것이 있다면 반대하는 사람이 이미 믿고 있는 것과 비슷한 것이라는 것을 보여 줄 필요가 있다.

　의견이 아무리 대립되어 있는 것이라고 해도 분명 모두가 동의할 수 있는 공감대는 존재한다. 그러한 이야기를 지속적으로 꺼내며 나의 제안이 그러한 것과 궤를 같이하고 있음을 설명하다 보면 상대방도 어느새 나의 제안을 스스로 결정을 내린 것처럼 생각하게 된다.

말로 후회하지 않기

✹　　　누군가에게 해야 할지 하지 말아야 할지 조금이라도 망설여지는 말이 있으면 꼭 참고 하지 말자.

　우리는 가끔 살면서 가족이나 가까운 지인에게 진심 어린 조언을 해 주고 싶을 때가 있다. 그건 그 사람이 정말 잘되기를 원하기 때문에 진심 어린 마음을 전하게 된다. 하지만 그런 순간에도 이건 해야 할지 하지 말아야 할지 망설여지는 이야기들이 있곤 한다.

　그런 마음이 조금이라도 느껴졌다면 반드시 참고 하지 말아야 한다. 그런 경우 대부분 하고 나면 후회가 되곤 하기 때문이다.

　솔직함이라는 핑계로 무심히 던진 말이 어떤 이에게는 비수가 되어 평생 상처가 되기도 한다.

겨자씨 한 알만 한 믿음이라도 있으면,
너희가 못할 일은 하나도 없을 것이다.

- 마태오복음 17장 20절 -

비판 수용

✳   합리적인 비판은 잘 수용하고 받아들이려고 노력하
자.

비판과 비난의 차이를 명확히 알아야 한다. 현명한 의견을 상호 나
누기 위해서는 적절한 비판은 필요하나 가능한 서로에게 비난은 삼가
야 한다. 자신도 모르는 단점을 말해 주는 사람에게 스스로의 발전을
위해, 화를 내기보다는 오히려 고마워하고 그걸 고치려고 노력하자.

높은 자존감

✹ 　　　　자신에 대한 자존감이 높아야 한다.

　이 세상에 단 하나뿐인 나를, 한 번뿐인 인생을 살고 있는 나를 소중하게 여길 줄 알아야 한다. 나를 사랑할 수 없는 사람은 남을 사랑할 수 없다. 이 세상에서 가장 소중한 건 있는 그대로의 나 자신이다.

　아무 조건 없이 나를 사랑하자. 필요 이상으로 나를 낮추거나 지나치게 잘 보이려 노력하지 말자. 이성을 사랑하더라도 결코 자신을 돌보는 일을 게을리하지 말자.

　이성에게 버림받았다고 때론 극단적인 선택을 하는 사람들을 간혹 볼 수 있다. 자신을 사랑하는 사람에게는 상대방도 자신이 알지 못하는 매력을 느낄 수밖에 없다. 이별 뒤에는 새로운 만남이 오게 된다. 그러한 만남을 준비하기 위해 먼저 자신을 사랑하는 능력을 기르도록 하자.

자신에 대한 끊임없는 투자

✳   매력적으로 보이기 위해 자기 자신에게도 끊임없이 투자하자.

운동을 하든, 피부 관리를 받든, 향수를 뿌리든, 예쁜 옷을 사든 다양한 것을 하며 스스로를 꾸미려고 노력하자.

이렇게 끊임없이 관리를 하는 사람은 상대방에게도 당연히 매력적인 사람으로 보일 수밖에 없다.

상대방의 이익

✳ 어떤 일이든 당신이 상대방에게 제의하는 일이 있을 때는 상대방에게 어떤 이익이 돌아갈 수 있음을 이야기하자.

우리는 누군가에게 명령조로 이야기할 때가 있다. 밖에 외출했다 들어오면 손을 깨끗이 씻어라. 공부하라. 그러면 상대방은 대부분 순수하게 따르지 않을 것이다.

그때는 차라리 이렇게 이야기하자. 우리 몸에서 제일 더러운 부분이 손이다. 손을 깨끗하게 씻으면 손에 있는 세균이 사라지는데 그렇게 되면 위생적인 사람이 되고 면역력도 높아져 건강한 사람이 된다.

어떤 것을 하게 되면 상대방에게 이익이 돌아갈 것이라는 이야기를 습관적으로 하라. 많은 사람이 당신의 이야기를 스스로 따르려 할 것이다.

꾸준함이 진리

딸은 아들과 다른 특성을 가지고 있다. 아들은 늘 도전하는 것을 두려워하지 않는 데 반해 딸은 처음부터 본인이 잘해야지 더욱더 흥미를 느끼고 더 열심히 하려는 모습을 보이곤 한다.

그래서 막상 시작하면 누구보다 잘할 수 있는 아이인데 쉽게 도전하는 것에 대해 겁을 먹고 있는 것 같아 그것이 아빠로서 늘 안타까운 부분이다.

큰아이가 초등학교 시절 학교에서 IQ 테스트를 했는데 132가 나왔다. 딸은 민간 연구소에서 실시하는 IQ 테스트에 응했는데 그 연구소의 이야기는 IQ로 환산하면 150이 된다는 것이었다. 시간이 흘러 개인적인 마음으로 그때 굳이 민간에서 실시하는 테스트에 응하지 않았더라면 더 좋았을 텐데 하는 후회가 되었다.

사실 머리가 좋다는 것은 노력하지 않아도 된다는 의식의 흐름을 이끄는 경향이 있다. 하지만 인생을 살면서 정말 중요한 건 꾸준함이다. 한 방울의 물이 바위를 뚫는다는 말이 있다. 성공한 사람이 살아남는 게 아니라 결국 끝까지 꾸준하게 살아남는 사람이 최종 성공한 사람이 되는 것이다.

나 자신도 마찬가지이다. 처음에는 간혹 글을 쓰는 일을 했지만 그렇게 지속하다 보니 어느 순간부터는 하루의 루틴이 되어 나의 가장 큰 황금 시간인 오전 8시부터 9시까지는 꾸준히 글을 적게 되었다. 그렇게 되니 이제 벌써 3권의 책을 집필한 작가의 반열에 오른 것이다.

또한 처음 포유회(포항을 사랑하는 당신)라는 작은 단체에 가입해 새벽에 해수욕장 청소 봉사를 시작한 것을 계기로 꾸준하게 봉사를 하다 보니 어느새 결손 가정 장학금 지원에도 동참하고 포항 지역 지진 피해 시 복구 봉사에도 참여하고, 힌남노 태풍 피해 시 포항제철소 현장 피해 복구 봉사, 교통정리 봉사, 지역 청소 봉사, 성당 봉사 등 나눔을 실천하는 삶을 살게 되었으며, 이를 통해 가정에서 나아가 지역사회에서도 엄청나게 성장한 나를 볼 수 있었다.

나는 아들과 딸에게 이러한 이야기를 건넸다. "꿈을 달성하기 위해 한 발 한 발 나아가는 것도 중요하겠지만 그것보다 자신이 늘 이루고 있는 작은 성취가 더욱 중요한 것 같다. 따라서 매일 아침 15분 정도 독서를 하고 그 독서 속에서 좋은 글이 있으면 본인의 노트에 꼭 남기기를 바란다. 이것만 매일 실천해도 어느새 자신의 정상에 있을 것이다."

고대 그리스 스토아학파의 대표적인 철학자 에픽테토스는 이렇게 말하였다. "어떠한 일도 갑자기 이루어지지 않는다. 한 알의 과일, 한 송이의 꽃도 그렇게 되지 않는다. 나무의 열매조차 금방 맺히지 않는데 하물며 인생의 열매를 노력도 안 하고 조급하게 기다리는 것은 잘못된 것이다."

그리고 나의 어릴 적 영웅이었던 이소룡도 다음과 같은 말을 하였다. "나는 1만 가지의 발차기를 한 번만 연습한 사람은 두려워하지 않는다. 하지만 하나의 발차기를 만 번 연습한 사람은 두려워한다."

이처럼 작은 일부터 꾸준하게 실천하면 언젠가 반드시 인생의 큰 열매를 얻을 수 있을 것이라고 믿고 한 발을 내딛기를 바란다.

유행어

✴   하루에 한 개 정도 최근 유행어를 배워 어느 분위기,
장소에서도 사용할 수 있도록 연습하자.

당시 인기 있는 유행어를 대화 중이나 강연 중에 쓰다 보면 상대
방에게 친밀감을 느낄 수 있게 하고 집중력을 높이게도 한다. 그러
면 여러분도 '핵인싸'가 될 수 있다.

물론 분위기에 너무 취해서 또는 상대방의 기대에 부응하고 싶다
는 생각에 유행어를 남발하다 보면 가볍게 보일 수 있으니 이것도
적당하게 상황에 맞춰 사용할 필요가 있다.

나는 주님 안에서 크게 기뻐하고
내 영혼은 나의 하느님 안에서 즐거워하리니.

- 이사야서 61장 10절 -

동반자

✺ 　　　　어떤 문제에 대해 이야기할 때 너와 내가 차이가 있다는 표현보다는 동반자라는 느낌이 들도록 말을 하자. 그렇게 되면 함께 해결하고 싶은 의지를 불러일으키게 된다.

직장에서 직원이 실수를 했을 때도 "당신이 잘못해서 이 프로젝트를 망쳤다."라고 이야기하는 순간 그 직원은 자신의 실수를 반성하기보다 오히려 반항심이 생기게 된다.

그럴 때는 "이 프로젝트는 중요하다. 솔직히 이 프로젝트가 잘되면 당신과 내가 훨씬 좋을 수 있는데, 많이 아쉽다."라고 표현하면서 두 번의 실수가 일어나지 않도록 설명한다면 해당 직원은 자신의 실수를 반성하면서 다시 실수를 하지 않도록 노력할 것이다.

격려

✸　　　상대방에게 자신감을 불어넣어 주고 용기와 신념을 갖도록 격려하자.

그러면 상대방은 당신을 실망시키지 않기 위해 최소한 현재를 유지하려 하거나 더욱 나아지기 위해 노력할 것이다.

어떤 사람들을 이끌어 가고자 한다면 당신이 상대방을 인정하고 있다는 믿음을 주고 개선하고자 하는 부분에 대해 이미 장점을 가진 것처럼 이야기해 보라.

단호한 거절

❋　　　　상대방을 실망시키고 싶지 않아 무리한 부탁인 줄 알면서도 들어주게 되면, 만약 힘든 상황이 발생하게 될 경우 서로를 잃게 된다. 따라서 스스로가 도와줄 수 있는 범위를 정해, 만약 그 도움이 자신의 역량 밖이라면 정중하되 단호하게 거절할 줄 알아야 한다.

언젠가 친구가 보증을 좀 서 달라는 것이었다. 나는 사실 빌려줄 돈도 많지 않았지만 보증은 없는 형편에 더더욱 곤란했다. 그래서 그 친구에게 보증은 서기 힘들지만 내가 얼마 정도는 보내 줄 테니 나에게 따로 갚지는 말라고 이야기했다. 당시 친구는 보증을 서 주지 않은 것에 대해 섭섭해했다. 하지만 나는 그것으로 현재 돈도 잃지 않고 친구도 잃지 않았다. 그 친구에게 전화를 해도 당당할 수 있다.

용기를 내어 일어나게.
예수님께서 당신을 부르시네.

- 마르코복음 10장 49절 -

뒷담화

✴   절대 뒤에서 남 얘기를 하지 말자.

　누구나 맞지 않는 사람은 있고, 어떤 경우에서든 불편한 상황은 발생하기 마련이다. 따라서 스스로가 떳떳하고 당당한 사람이 되면 다른 사람을 뒷담화하지 않고 이 때문에 소탐대실하지 않는다. 자신의 인생이 보잘것없다고 생각하는 사람은 상대방의 인생도 하찮게 여기며 물고 뜯으면서 희열을 느낀다.

　절대 뒤에서 남 얘기를 하지 말자. 텔레파시가 상대방에게 전달되어 결국 자기 자신에게 다시 돌아올 수 있다. 또한 그 뒷담화는 시간이 지날수록 옅어지기는커녕 짙어진다. 누군가를 험담하면 험담하는 그 사람을 죽이는 것이고, 또한 험담하는 나도 죽고, 결국 내가 하는 험담을 듣고 공감하는 그를 죽이는 것이라는 것을 잊지 말자.

비밀의 주인

✳   나의 비밀은 아무에게도 말하지 말자.

비밀은 내 입에서 나가는 순간 결코 비밀이 아니다. 언젠가 그것이 오히려 나를 죽이는 칼이 될 수도 있다.

친구들과 술 한잔을 먹으면서도 재미있고 일상적인 대화를 하는 것이 훨씬 낫다. 때론 침묵이 스스로를 지키는 무기일 수도 있다.

아라비아의 격언에 이런 말이 있다. "적에게 알려서 안 될 일은 친구에게도 알리지 마라. 비밀을 지키면 비밀의 주인이 되지만, 비밀을 고백하면 비밀의 노예가 된다. 그리고 평화의 열매는 침묵의 나무에서 열리는 법이다."

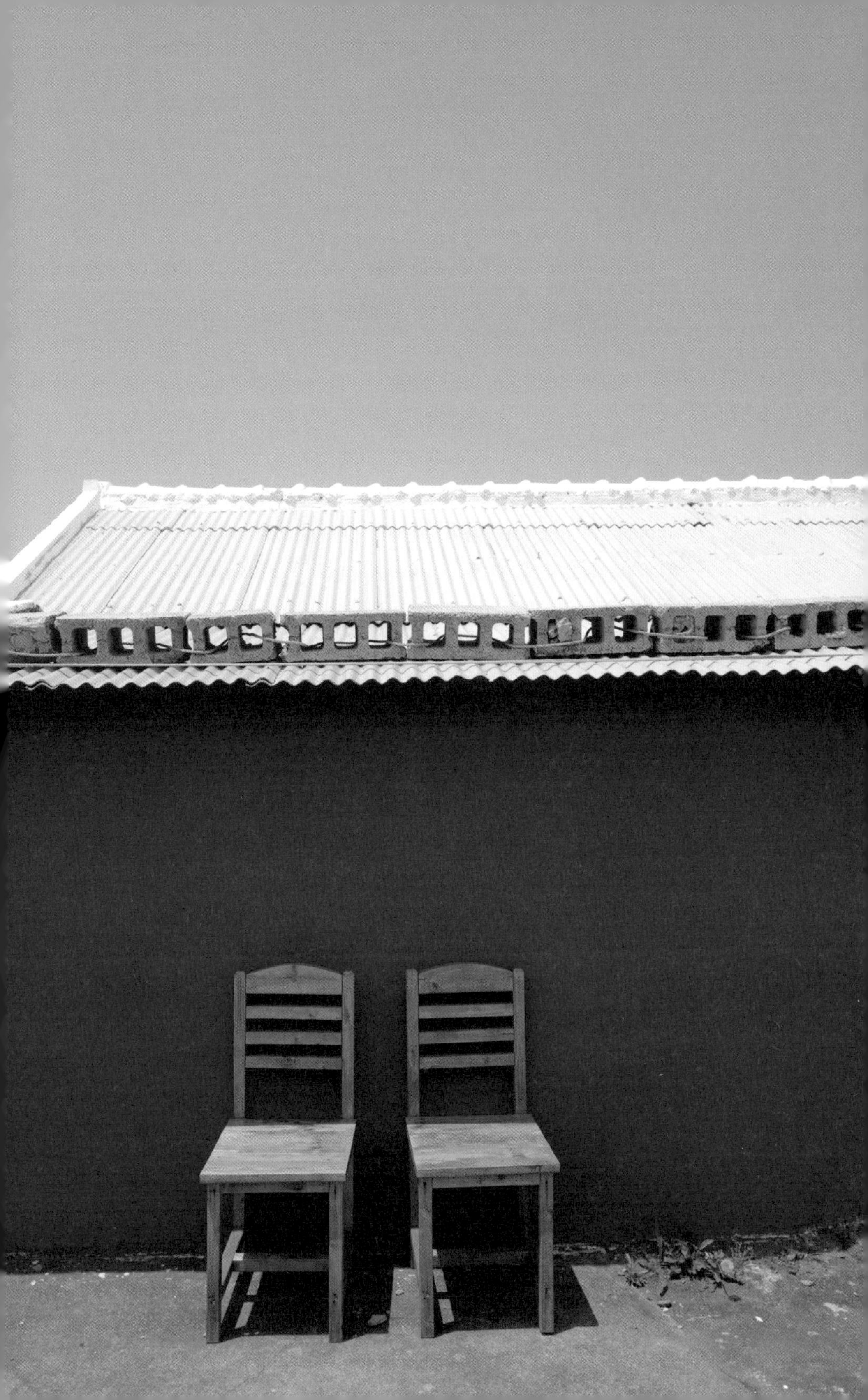

나 주님은 말하고 그대로 실천한다.

- 에제키엘서 17장 24절 -

내가 정한 목표를 가는 것이 아니라
가다 보니 그것이 나의 목표였다.

우리는 흔히 인생을 항해에 비유하곤 한다. 그런데 항해는 정해진 항구가 있지만 인생은 정해진 항구가 없다. 각자 자신의 인생을 항해해서 가다 보니 그것이 각자의 항구였던 것이다.

우리는 평생 선택의 길에 선다. 어떤 선택을 하느냐에 따라 인생이 달라진다. 아무리 있는 집의 아들로 태어나도 인생을 살아가는 중에 어떤 역경과 선택을 만날지 아무도 알 수가 없다. 갑자기 IMF가 올 수도 있고, 정부의 정책이 바뀔 수도 있고, 또 내가 결정한 선택이 어떤 결과를 이끌지 100% 장담할 수도 없다. 그렇게 해서 없어진 기업이 한두 군데가 아니다.

2023년 1월 2일 한국무역협회에서 발표한 기업의 평균 수명에 대한 보고서를 보면 1958년 기준 61년에서 2027년에는 12년 수준으로 단축될 것이라고 예측하고 있는 것을 보면 정해진 항구는 없음을 더욱 잘 알 수 있다.

또한 어떤 연예인이, 연예인이 되려고 하는 친구를 우연히 따라갔다가 본인이 연예인으로 발탁되었다는 이야기를 방송에서 듣곤 한다. 이처럼 우리는 인생을 살아가면서 내가 지금 선택한 것이 어떤 결과를 초래할지 아무도 모른다. 따라서 우리는 가슴이 떨리는 일을 해야 하는 것이다.

물론 가슴이 떨리는 일을 찾기도 말이 쉽지, 그렇게 쉬운 것도 아니다. 그럴 때는 지금 선택이 나만의 항구를 찾아가고 있는 항해라 믿고 후회 없이 그 선택을 하여야 한다. 그렇게 가다 보면 폭풍우도 만나 큰 파도를 넘을 수도 있고 저 멀리 수평선 위의 아름다운 노을도 만날 수 있다. 그렇게 항해하다 보면 이 세상 아무 곳에도 없는 자신만의 항구를 발견할 것이다.

배는 잘못된 길을 선택하면 다시 키를 돌려 정해진 항로로 찾아갈 수 있다. 하지만 인생이란 배는 결코 다시 돌아가지 못한다. 그리고 정해진 길도 없다. 잘못된 항로라고 판단했을 때는 다시 다른 길을 찾으면 된다. 그 길이 어디로 이끌지는 알지 못하지만 분명 나만의 항구를 찾아가는 길일 것임은 분명하기 때문이다.

나는 대학 입학 학력고사를 쳤을 때 성적이 성균관대 영어영문학과에 갈 정도의 성적이 나왔다. 그 당시에는 서울에 엄청나게 가고 싶었다. 아버지에게 이야기했지만 아버지는 우리 집 형편에 안 된다고 말씀하셨다. 한강 이남에서는 그래도 동아대 법대가 사법고시도 많이 걸리고 등록금도 싸기 때문에 그곳에 가라고 하셨다. 그래서 나는 무작정 원서를 들고 서울에 올라갔다. 원서를 내기 전에 그래도 의정부에서 군 생활을 하고 있던 형을 만나 마지막 자문을 듣고 싶었다. 형은 아버지 말씀을 들으라고 이야기했다. 나는 다시 부산에 내려왔다. 아버지는 바로 내려고 하셨지만 나는 원서 접수 마지막 날까지 버텼다. 그러다 마지막 날, 17시까지 아버지가 학교 입구로 오라고 했지만 나는 내키지 않아 버티고 버티다 원서 접수 20분 전쯤에 학교에 도착해 아버지를 만나 함께 원서 접수를 하게 되었다.

그런데 그렇게 해서 서울에 간 삶이 어떻게 펼쳐졌을지는 모르지만 나는 그때 그렇게 선택하지 않고 다른 선택을 하여 지금까지 온 나의 삶에 더 만족한다.

예쁘고 착한 아내를 만나 멋진 자식들을 만날 수 있었던 것도 그 때의 선택이 있었기 때문이다.

나는 그것을 알기에 지금 나에게 다가오는 어떠한 시련도 하느 님이 새로운 일을 맡기기 위해 담금질하는 것이라고 받아들일 수 있 는 것이다. 괴로워하지 말자. 지금 폭풍우도 언젠가는 걷히고 내가 쉴 수 있는 항구는 분명히 있기 때문이다.

논쟁

✸　　　논쟁을 피하자.

　언젠가부터 위정자들의 의도에 따라 어떤 성향을 가진 사람들을 자신의 표로 규정짓고 상호 극단적으로 대립하는 방향으로 몰고 가는 경향을 느낄 수가 있다. 정치적, 종교적, 남녀노소로 나누어 방송에서도 서로 극단적 논쟁을 불러일으키기도 한다.

　우리만큼은 논쟁에 빠지지 말자. 논쟁에서 지게 되면 지는 것이고 결국 이긴다고 해도 그건 지는 것이나 마찬가지다. 당신이 상대방을 논쟁에서 이겼다고 치자. 당신은 기분이 좋을지 몰라도 상대방은 당신과 이미 마음속으로 결별해 있을 것이다. 그렇다고 상대방이 당신의 증명대로 따르지도 않을 것이고 끝까지 그의 생각을 고수할 것이다.

　따라서 당신이 변호사가 아니라면 굳이 상대방과 논쟁에 빠지지 말자.

　개와 싸움을 하다가 개에게 물려 상처가 나면 그 개를 죽인다고 해도 당신의 상처는 아물지 않는 법이다.

사람은 빵만으로 살지 않고
하느님의 입에서 나오는 모든 말씀으로 산다.

- 마태오복음 4장 4절 -

비난

❋ 　　　누군가를 비난하지 말자.

아무리 나쁜 일을 한 사람도 그 사람에게 물어보면 자신을 합리화하여 어쩔 수 없이 그렇게 했다고 대답한다.

인간은 원래 그렇다. 아무리 자기가 나쁜 짓을 저질러도 자신은 어쩔 수 없이 그렇게 할 수밖에 없었다고 합리화하고 결국 다른 사람들을 비난하며 원인을 돌리는 경향이 있다.

결국 비난은 상대방을 바꿀 수도 없고 오히려 상대방에게 원망만 받게 된다.

인간은 감정의 동물이고 자기중심적이기 때문이다. 상대방을 비난하는 데 조금의 에너지를 쓰기보다는 이해하려고 노력하자.

중요한 존재

✴   상대방을 중요한 존재라고 느끼게 해 주자.

사실 대부분의 사람은 자신을 중요한 존재로 생각한다. 따라서 그를 중요한 존재로 느끼게 해 주면 그 사람은 당신에게 매혹될 것이다.

잠깐이라도 상대방이 가진 장점이 무엇인지, 외모든 성격이든 파악해 보라. 분명 장점이 있을 것이다. 그럴 때는 상대방에게 표현을 해 주자. "오늘 머리 스타일이 너무 예뻐요.", "어떻게 그런 판단을 할 수 있나요?", "참 성격이 좋으신 것 같습니다." 이런 표현을 할 때도 중요한 것은 정말 진심으로 표현하는 것이다.

세상에 나보다 더 잘난 사람들은 곳곳에 널려 있다. 남과 비교하게 되면 결국 상대적 박탈감에 자신만 불행함을 느끼고 이로 인해 자존감이 떨어지게 된다. 기준을 남이 아니라 나 자신에게 두고 남과 비교하지 않으며 온전히 자신만의 삶을 살아야 한다.

상대방의 장점

❋ 　　　상대방의 장점을 보려는 노력을 하자.

예전에 방송에서 두 개의 준비된 병에 막 지은 쌀밥을 넣고 한쪽 병에는 '사랑해'와 같은 좋은 말을 해 주고 다른 한쪽 병에는 '싫어해'라는 나쁜 말을 해 준 뒤 한 달 후를 보니 좋은 말을 들려준 병에 있는 밥은 구수한 냄새가 나는 누룩이 되었고 반대편 병에는 지독한 냄새가 나는 썩은 곰팡이가 생겨 있었다.

이처럼 에너지는 전달되는 것이다. 따라서 내가 어떤 사람을 싫어하면 그 사람도 나를 싫어하게 되어 있다. 싫어하는 사람일수록 같이 없는 자리에서도 단점을 말하기보다는 장점을 말하려는 노력을 하자.

너희가 기도하며 청하는 것이 무엇이든

그것을 이미 받은 줄로 믿어라.

그러면 너희에게 그대로 이루어질 것이다.

- 마르코복음 11장 24절 -

나의 미소

🟊　　　　매일 아침 거울을 보고 지은 나의 미소를 기억해서 만나는 사람들에게 전하자.

　하루 중 제일 처음 보게 되는 가족에서부터 경비 아저씨, 청소하시는 아주머니, 직원들에게 보낸 당신의 미소는 어떠한 대가를 치르지 않고도 당신과 상대방에게 풍족한 마음을 느끼게 만들 것이다.

　중국에는 "웃지 않는 사람은 장사를 해서는 안 된다."라는 격언이 있다. 이처럼 미소는 가정의 행복을 만들어 내고, 사업에서는 호의를 이끌어 내기도 한다.

모른다고 인정

✳   모르면 모른다고 말하자.

살다 보면 가끔 '상대방은 이 정도는 알겠지.' 생각하고 물어 올 때가 있다. 그럴 때 우리는 모르지만 안다고 할 때가 있다. 괜히 무식하다는 인식을 주고 싶지 않아 모르는데도 그냥 다른 사람과 묻혀 넘어가게 된다.

하지만 모르면 모른다고 하자. 사람들은 대부분 자신을 가르치려 하는 사람보다 자신에게 가르침을 받으려고 하는 사람을 더 좋아한다. 서머싯 몸은 "인생을 거의 다 살고 난 즈음에야 '나는 모른다.'라고 말하는 것이 얼마나 쉬운 것인지를 알게 되었다."라고 말했다.

사람들은 모르는 것을 "모른다."라고 인정할 줄 아는 사람을 만나면 그 사람이 솔직하고 겸손하며 당당하다는 인상을 받게 된다고 한다. 그런 사람을 싫어할 사람은 없다.

밑지는 삶

✳   삶을 조금 밑지고 산다는 마음가짐으로 살자.

악착같이 자신의 것만 챙기고 이익을 가져가면 오히려 사람을 잃게 되고 더 큰 손해를 보게 될 수도 있다. 서로의 신뢰를 유지해 주는 방법은 내가 조금 더 손해를 보는 것이다.

단기적으로 손해라고 생각하겠지만 장기적으로는 더 큰 보답으로 돌아올 것이다.

일어나 가거라. 네 믿음이 너를 구원하였다.

- 루카복음 17장 19절 -

먼저 인사

✴   지위 고하를 막론하고 내가 먼저 인사하자.

인사는 인간관계의 기본이라 할 수 있다. 인사하는 사람에게는 왠지 친밀감을 느끼게 된다. 또한 먼저 인사를 한다고 해서 상대방이 기분이 나쁠 리도 없다.

어느 날 모 대학을 방문했을 때 전혀 모르는 학생이 "안녕하세요." 하고 인사를 하는 것이다. 몇 발짝만 옮겨도 금세 그런 학생을 발견하게 되니 나는 지금도 그 대학에 대한 좋은 인상을 지울 수 없다.

그러다 보니 어디를 가서 누구를 만나도 그 대학을 좋게 이야기하게 된다.

인생은 괴로움과 즐거움의 반복이다.

우리나라는 2019년부터 1인 가구 비율이 전체 가구 대비 30%를 넘어섰으며, 2017년 통계 기준으로 장래 1인 가구 비율을 2020년에 30.3%로 예측했으나, 실제로는 31.7%로 예측을 상회하기도 하였다.

이는 앞으로 더욱 1인 가구의 비중이 증가될 것으로 전망되는 이유이기도 하다. 그로 인해 최근 고독사도 많이 늘고 있다. 특히 청년 고독사는 급격하게 증가하고 있다.

고독사의 원인은 다양하다. 대개 사업 실패나 건강 악화, 경제적 어려움이 주원인이다.

2021년 8월 4일, 인천 영종도의 작은 아파트. 방 벽에 걸린 달력은 6월에 머물러 있었고 방 한쪽에는 부탄가스 10여 개와 빈 소주병 10여 개가 아무렇게나 나뒹굴어 있었다. 냉장고 안에는 유통기한이 지나 부패한 음식물이 쌓여 있었다.

30대 남성 A 씨는 극단적 선택을 하고 두 달이 지나 발견됐다. 그가 남긴 물품 더미엔 《서른엔 행복해지기로 했다》라는 책이 덩그러니 놓여 있었다고 한다.

고독사 후를 정리하는 유품 정리업체 관계자의 말에 따르면 고독사를 한 집을 방문하면 전혀 정리되어 있지 않은 것은 물론이고 매일 술로 하루를 보낸 흔적이 집안 곳곳에 배어 있었다고 한다. 그분들에게는 어떤 이유에서든지 전혀 희망이 보이지 않았을 것이고, 그렇기 때문에 모든 것을 포기했으리라 생각한다. 하지만 우리는 이것을 깨달아야 한다.

인생은 반드시 괴로움과 즐거움의 연속이라는 것을 알아야 한다. 계속해서 즐거움이 있을 수도 없고 계속해서 괴로움이 있을 수도 없다. 왜냐하면 인간의 욕심은 끝이 없고 자신이 원하는 대로 세상이 돌아갔으면 좋겠지만 결코 세상은 자신이 원하는 대로 돌아가지 않기 때문이다.

그것은 나 말고 다른 사람도 마찬가지다. 다른 사람도 그가 원하는 대로 세상이 돌아가길 바라기 때문에 서로의 욕구가 채워지지 않을 수 있어 인생은 괴로움과 즐거움이 반복될 수밖에 없는 것이다.

살다 보면 분명 힘든 순간이 오게 되어 있다. 우리는 그것을 끝이라고 생각하면 안 된다. 반드시 즐거움은 다시 찾아오게 되어 있다. 그래서 마냥 즐거울 때도 괴로움이 올 수도 있다는 생각에 겸손해야 하고 마냥 괴로울 때도 곧 나에게 즐거움이 올 것이란 희망을 가져야 하는 것이다. 그렇게 긍정의 안테나를 세우고 하루하루를 버티다 보면 우리 주변을 늘 떠도는 행운은 안테나를 세우고 있는 사람에게 찾아갈 것이다.

인생사 새옹지마(塞翁之馬)라는 말이 있다. 북쪽에 말을 기르던 노인이 기르던 말이 도망가서, 주변 사람들은 '어쩌나' 싶어 했다. 그런데 노인은 그 일이 복이 될지도 모른다고 생각했다고 한다. 어느 날 도망간 말이 야생마들을 노인에게 끌고 왔다. 사람들은 부자가 됐다고 부러워했지만 노인은 덤덤했다. 어느 날은 노인의 아들이 말을 타다 말에서 떨어져 다리를 다쳐 절게 되었다. 주변 사람들은 다시 노인의 아들을 걱정하며 어쩌냐고 했다. 하지만 노인은 덤덤했다고 한다. 그 후 전쟁이 나 지역에 있는 청년들이 모두 전쟁터로 끌려갔지만 아들은 다리를 다쳐 전쟁에 나가지 않아도 되었다. 그제야 주변 사람들은 그 노인이 왜 덤덤했는지 깨닫게 되었다고 한다.

어둠이 있기에 별이 빛나 보이고 괴로움이 있기에 우리는 즐거움도 알 수 있는 것이다. 살다 보면 반드시 즐거움은 다시 찾아오니 행복할 권리를 가지고 태어난 여러분들이여, 작은 것에도 감사하자.

친밀도

✹　　　친숙한 모습으로 다가가려 하자.

　내가 너와 다르다는 차별성을 느끼게 하기보다는 너와 같은 사람으로서 최대한 유사성을 심어 줘 친밀도를 높여야 한다.

　사람은 기본적으로 일상생활에서 몸에 익숙한 것을 좋아한다. 그리고 탁월한 천재보다 자신과 비슷한 모습에 더 끌림을 느낀다. 따라서 상대방과 공감할 수 있는 주제로 비슷한 고민을 하고 있음을 느끼게 한다면 상대방에게 매력적인 사람으로 비칠 것이다. 또한 상대방을 공감하고 상대방의 처지를 이해하는 말로 마음을 얻어야 한다. 또한 상대방의 말에 호응도 해 주고 열심히 맞장구도 쳐 주자.

　그러면 상대는 자신이 충분히 이해받고 있다고 느낄 것이다.

굳게 서서 흔들리지 말고
언제나 주님의 일을 더욱 많이 하십시오.
주님 안에서 여러분의 노고가 헛되지 않음을
여러분은 알고 있습니다.

- 코린토1서 15장 58절 -

상대방 돋보이기

✳ 　　　자신이 돋보이려 하기보다 상대방을 더 돋보이게 만들고 멋지게 만들어 주자.

　그러기 위해 칭찬을 아끼지 말자. 또한 상대방이 힘든 상황에 있으면 격려하고 응원해 주며 지지해 주자. 그러면 자신이 원하지 않아도 다른 사람들이 알아서 당신을 높여 준다.

32

화가 나는 순간

✷ 화가 나는 순간 오히려 더욱 이성적으로 대처하려고 노력해야 한다.

상대에게 절대 씻을 수 없는 상처로 가슴에 못을 박는 행위를 하지 않기 위해 스스로를 컨트롤하자. 나를 소중하게 생각해 주는 사람들은 충분히 소중한 대우를 받게 된다.

한 양동이의 쓴 물보다 한 방울의 벌꿀이 더 많은 파리를 잡는다는 서양 속담이 있듯이 마지막 순간 승리하는 것은 결국 상식과 이성이다. 화가 나면 일단 상대방과 마주하지 말고 그곳에서 벗어나 안전 공간을 확보하자.

화를 내면 결국 자신의 약점을 노출하고 자신에게 불리해질 수 있음을 명심하자.

보답

✳   상대방이 나를 위해 희생하고 배려해 준다면 당연하게 여기지 말고 나도 상대방을 위해 무엇을 해 줄 수 있을지 고민하고 베풀어야 한다.

어떻게든 그러한 감사의 마음을 상대방에게 전해 주려 하는 그런 태도가 상호 관계를 훨씬 더 끈끈하고 돈독하게 만든다.

평화의 주님께서 친히 온갖 방식으로
여러분에게 언제나 평화를 내려 주시기를 빕니다.

- 테살로니카2서 3장 16절 -

상대방이 원하는 조언

✳   주변에서 말하는 조언들이 가끔은 그럴싸한 것 같은데 크게 도움이 되지 않는 경우가 있다. 그래서 상대방이 딱 원하는 조언을 하기란 웬만한 내공이 아니고서는 쉽지 않다.

그럴 때는 그냥 "당신을 믿는다.", "힘냈으면 좋겠다.", "잘되기를 진심으로 바란다.", "당신은 분명 해낼 수 있을 거야." 등의 말을 자주 표현하려 하자.

상대방에게 집중

✸　　　　상대방과 함께 있는 시간에는 온전히 그 사람에게 집중하여 최선을 다하자.

그것이 비즈니스든, 친목이든, 오래 만났든, 짧게 만났든 중요한 것이 아니고 지금 내 앞에 있는 상대방에게 최선을 다하자.

왜냐하면 나의 생명과도 같은 소중한 시간을 함께하는 사람이기 때문이다.

인정과 사과

❋　　　　사소하든 크든 잘못하면 인정하고 사과를 할 줄 아는 사람이 되자.

"비 온 뒤에 땅이 굳는다."라는 속담이 있다. 누군가가 먼저 잘못을 인정하고 사과하면 갈등이 해결되고 그렇게 되면 관계가 더욱 탄탄해질 수 있다.

예수도 공자도 인간은 삶 자체가 죄 속에 있어 죄를 저지를 수밖에 없는 존재라고 한다. 물론 이 표현으로 죄를 당연시하는 것은 아니다. 하고 싶은 말은, 죄를 짓는 것도 물론 잘못되었지만 죄를 짓고도 반성하지 않고 변명만 하는 것이 더욱 큰 잘못이라는 것이다. 잘못했다고 인정하는 것을 부끄러워하지 말자.

특히 정치인들은 자신이 잘못한 줄 알면서도 미안해하기는커녕 오히려 더 당당히 산다. 이는 사과를 하게 되면 자신이 잃는 게 더 많다고 생각하기 때문이다.

하지만 사과를 해서 잃는 것보다는 오히려 하지 않아 잃을 수 있는 것이 훨씬 더 많다. 스스로 죄책감에 빠질 수도 있고 보복의 대상이 되어 목숨도 잃을 수도 있다.

빈틈이 있는 사람

☀   완벽한 사람이 되려 하기보다는 어느 정도 빈틈이 있
는 것을 솔직히 인정하는 사람이 되자.

"모난 돌이 정 맞는다."라는 말처럼 너무 강직하고 너무 뛰어나면
남의 미움을 받게 될 수 있다. 깨끗하고 단단한 유리는 빈틈이 없기
때문에 물을 흡수하지 못한다. 하지만 물렁물렁한 스펀지는 그 속에
공간이 있기 때문에 물을 빨아들일 수 있다.

누군가가 나에게 다가오게 하려면 어느 정도 내 안에 빈틈이 있
어야 한다.

나는 어떤 일로 힘들어하는 사람을 만나 대화를 하게 되면 나도
그런 비슷한 경험이 있음을 찾아 이야기를 건넨다. 그러면 상대방은
더욱 자기의 문제를 털어놓게 된다.

의로운 이는 믿음으로 살 것이다.

- 로마서 1장 17절 -

책임 전가

✴   어떤 경우 결과가 좋지 않더라도 '누구 때문에'라고 책임을 전가하지 말고 "그래도 당신 덕분에 많이 배울 수 있었어."라고 해 보자.

그 상대방을 선택한 것도 나이고 일을 추진하는 과정에서도 나의 선택이 반영되어 있을 것이기 때문에, 오히려 다시는 그러한 선택을 하지 않기 위해 배울 수 있는 기회였다고 생각하자.

긍정적 마인드

✸   긍정적인 마인드를 가지고 살자.

어려운 일이 닥쳤을 때, '난 못 해. 그냥 포기할 거야.'라는 식의 마인드가 아니라, '설령 실패하더라도 도전해 보자. 실패하더라도 분명 배우는 건 있을 거야.'라며 털고 일어나서 다시 도전할 수 있는 긍정적인 마인드로 삶을 리셋하자.

사람은 죽는다.

나훈아 씨의 〈공〉이라는 노래의 가사를 보면 "살다 보면 알게 돼. 일러 주지 않아도. 너나 나나 모두 다 어리석다는 것을. 살다 보면 알게 돼. 알면 웃음이 나지. 우리 모두 얼마나 바보처럼 사는지. 잠시 왔다 가는 인생. 잠시 머물다 갈 세상. 백 년도 힘든 것을. 천년을 살 것처럼."이라는 구절이 있다.

우리는 살면서 내가 죽는다는 것에 대해 쉽게 받아들이지 못하고 잊어버리게 될 때가 많다. 물론 그것은 어떤 관점에서 보면 자신의 삶 자체에 충실했다는 의미이기도 하기에 무조건 나쁘다고 말하는 것은 아니다. 하지만 우리는 가끔 죽는다는 것을 생각할 필요가 있다. 그것을 생각하면 삶이라는 일상 속에서 사소한 것에 목숨을 거는 일만큼은 없을 수 있기 때문이다.

가끔 TV를 보다 보면 층간 소음으로 살인했다는 뉴스를 접하곤 한다. 그리고 때론 사소한 것에서 다툼이 생겨 이혼하는 부부도 주변에서 보곤 한다. 그 삶 속에 몰입해 있는 당사자로서는 견디기 힘들었을 것이다. 하지만 결국 나라는 존재가 결국 죽는 존재라고 생각하면 그 순간 그 정도의 양보는 대수롭지 않았을 수도 있다고 생각한다.

죽고 나면 아무 소용이 없다. 세상에서 엄청 유명했던 사람들도 아무리 이름을 남긴다고 해도 솔직히 죽고 나면 아무것도 아니다. 죽은 후 장례식장에 누가 온들 그것이 뭐가 중요하며, 누가 나를 기억하고 안 하고는 죽고 나면 솔직히 나와 아무런 상관도 없는 일이다.

지나간 과거를 기억이라고 표현한다. 하지만 그 기억조차도 온전히 기억하지 못하고 스스로 색깔을 입혀 다른 기억과 포장을 하는 것이 사람이다.

최근 일론 머스크가 현실이 가상 세계라고 했을 때 나는 잘 받아들이지 못했다. 하지만 어떻게 보면 정말 내가 직접 보고 듣고 하는 것 외에 내가 보지 못하는 것들은 사실 TV나 유튜브 같은 미디어 속에 있는 세상이나 다름없다는 생각이 들었다. 아이들이 어렸을 적 내 품에서 늘 꼭 안겨 있던 생각, 늘 옆에서 재우며 배를 만져 주었던 생각, 아프면 밤새 머리에 물수건 얹히고 간호했던 생각, 책을 읽으며 재웠던 생각들이 나지만 솔직히 현실감 있게 생생하게 기억에 남지는 않는다. 그 예쁜 아이들을 만지며 행복했던 그 순간에 다시 가고 싶지만 돌아갈 수도 없는 것이다. 또한 더 시간이 지나 아이들도 떠나면 서로 그려지는 존재로 남을 수 있다.

그래서 우리는 곧 지나갈 이 하루하루를 간절한 마음으로 살아야한다. 오늘 내 아이를 한 번 더 안아 주고, 오늘 내 아내에게 사랑한다는 표현을 한 번 더 하자. 그리고 곧 헤어질 나의 부모님께 전화를 드려 안부도 묻고 낳아 줘서 감사하다고 표현하자. 아무리 과학이 발달해서 칩으로 기억을 심어서 육체만 바뀐다고 해도 전쟁과 같은 부지불식간의 사고로 그 칩이라는 존재 자체도 사라질 수 있는 것이기에 우리는 살아 있는 이 순간에 감사하고 사랑하고 행복하자.

소중한 사람

✳   내가 힘들 때 내 곁을 묵묵히 지켜 준 가족, 친구, 지인들은 절대 놓치지 말자.

　인생을 살다 보면 정말 힘든 순간이 찾아올 수 있다. 특히 가장 밑바닥이라 생각할 수 있는 순간도 온다. 그때 자신의 곁에 남아 준 사람들이라면, 사실 그 사람들은 나에게 큰 것을 바라지 않고 그냥 나 자체를 좋아해 줄 수 있는 사람들이기에 그들을 사랑하고 지킬 수 있도록 하자.

배우는 사람

✳ 늘 배우는 사람이 되자.

소크라테스는 정의로운 사람이라 어떤 경우에도 옳다고 생각한 것은 굽히지 않았다. 그가 재판관이 되었을 때 세금을 부당하게 많이 거두는 귀족들에게 유죄를 내리고, 그러한 일들로 인해 귀족들로부터 미움을 사 소크라테스는 결국 독약을 먹게 된다.

그런데 독약이 만들어지고 있는 동안에도 피리로 음악 한 소절을 연습했다고 한다. 누군가 "지금 그게 도대체 무슨 소용이오?" 하고 묻자, 소크라테스는 "그래도 죽기 전까지 음악 한 소절만큼은 배우지 않겠는가?"라고 대답했다고 한다.

나는 30대 초반에 대학원 공부를 하고 싶었는데 재정적으로나 아이들 육아로 시간을 내기가 쉽지 않아 포기하게 되었다. 하지만 나의 대부님은 늘 공부하기를 권하셨다. 당신도 나이 60에 박사까지 다셨다면서…. 결국 나는 늦게 학업을 시작하게 되었다. 지금은 배우는 것에 대한 재미를 안다. 학창 시절 느끼지 못했던 배움에 대한 재미, 그 속에서 새로운 아이디어가 창출하고 기존의 생각과 합쳐져

융합을 맛보기도 한다.

늘 살아 있는 사고로 전진한다면 비록 나이는 들어 몸은 늙어도 생각은 젊은 청춘에 머물러 있을 수 있다.

선포하는 사람이 없으면 어떻게 들을 수 있겠습니까?
파견되지 않았으면 어떻게 선포할 수 있겠습니까?

- 로마서 10장 14~15절 -

감정 다스리기

✸　　　단지 자신의 외부에서 일어나는 어떤 일들 때문에 습관처럼 당신의 감정에 이끌려 불같이 화를 내는 행동을 하지 말자.

　누군가 당신을 화나게 만들었는가? 그런데 그것은 결국 당신이 그 사실을 화가 나는 일로 받아들였기 때문이다.
　누군가 당신의 감정을 건드렸는가? 그것은 결국 당신이 그 일을 기분이 상하는 일로 판단했기 때문이다.

　모든 것은 당신이 받아들이기 나름이다. 당신의 감정에 이끌려 가지 말자.

생전 유언

✹　　　　죽음을 향해 달려가고 있다는 것은 분명 슬픈 일이다. 그러나 슬픔은 남은 자의 몫이다. 따라서 자신이 죽은 뒤에도 사랑하는 이들이 조금이라도 덜 슬퍼하도록 배려하는 사람이 되어야 한다.

죽기 전에 미리 사랑하는 가족에게 내가 죽거든 이틀은 슬퍼하고 마지막 하루는 즐거운 음악을 들으며 나를 잊고 좋은 곳으로 보내는 시간을 가지라고 하든지, 나의 기일이 오면 내가 좋아했던 치킨과 같은 음식을 시켜 가족들과 맛있게 먹으며 아빠와의 추억을 회상하며 자신이 가족과 나눌 소중한 시간을 생각해 보라고 하든지 하는 유언을 남길 필요가 있다.

상대방의 단점 수용

✴ 상대방의 단점만 보려 하지 말자.

이 세상에 완벽한 사람은 없다. 대부분의 사람이 자신의 모자람을 극복하고 부족함을 채워 가는 과정에서 하나의 인격체로 완성되어 가는 것이다. 나 자신 또한 그런 것이다. 특히 가까이 있는 사람이 나에게 상처를 주고 바꾸지 않으려고 하면 그것은 나의 팔자라고 생각하고 받아들이자.

하지만 곰곰이 생각하면 내가 상대방을 좋아하는 부분이 더 많을 것이다. 내가 아예 안 볼 사람이 아니라면 그런 좋아하는 부분을 더욱 사랑하고 단점을 받아들이자.

유유상종(類類相從)

✳   유유상종이란 말처럼 사람은 끼리끼리 만나게 되어 있다. 내가 좋은 사람을 만나기 위해서는 나 스스로 좋은 사람이 되어야 한다.

만일 자꾸 사기를 당하거나 나쁜 사람들을 가까이하게 된다면 그들에게 잘못이 있는 것이 아니라 결국 나 자신을 탓해야 한다.

최근 몸에서 나는 체취가 비슷한 사람들끼리 서로 호감도가 높다는 연구 결과가 나왔다. 미국 과학진흥협회(AAAS)에 따르면 이스라엘에 있는 바이츠만과학연구소에서 신경생물학을 연구하는 노암 소벨 박사 연구 팀이 22~39세 사이의 남녀 20쌍을 대상으로 체취와 친구 관계 형성 간의 상관관계를 분석했는데, 첫 만남에 서로 호감을 느껴 동성 친구가 된 이들의 체취를 수거해 화학 성분을 분석했다고 한다. 그 결과 친구 간의 체취는 초면인 사람보다 화학 성분이 비슷한 것으로 나타났고 또한 체취가 비슷하면 할수록 상호 호감도도 높고 이해하는 폭도 깊다는 연구 결과가 있었다고 한다.

결국 맑은 기는 맑은 기끼리, 탁한 기는 탁한 기끼리 자석처럼 끌어당기게 되어 있다.

너희는 온 세상에 가서 모든 피조물에게 복음을 선포하여라.

- 마르코복음 16장 15절 -

끝인상의 중요성

✳   첫인상도 중요하지만 더욱 중요한 것은 첫인상을 잘 유지하는 것이다.

첫인상은 그 사람의 외모, 표정, 말투, 배경 등에 의해 결정이 되지만 끝인상은 외양보다는 그 사람의 성격, 태도, 성과에 의해 결정된다.

"말이 힘이 있는지 알고 싶으면 먼 길을 타고 가 봐야 알고, 사람이 어떤 사람인지 알고 싶으면 오래 만나 봐야 안다."라는 말이 있다. 좋은 관계를 오래 유지하고 싶으면 첫인상보다 오히려 끝인상을 좋게 해야 한다.

첫인상은 이미 지나간 일이기에 바꾸려 해도 바꿀 수 없지만 끝인상은 아직 끝나지 않았기에 언제든 바꿀 수 있기 때문이다.

적당한 거리 유지

✸　　　　아무리 가까운 사이여도 적당한 거리를 유지하자.
상대방이 허락하지 않는 한 상대방의 개인 영역을 침범하지 말자.

　추운 날 찾게 되는 히터도 너무 가까우면 데일 수 있듯이 상대가
아무리 친한 지인이어도 너무 멀지도 않고 지나치게 또 가깝지 않게
적당한 거리를 유지할 필요가 있다. 설령 가족이라고 해도 상대방의
개인 영역을 침범하려 하면 안 된다. 가끔 엄마들은 정리되지 않은
아이들의 방을 보고 안타까운 마음에 방을 정리하곤 한다. 소중한
시간을 내서 정리를 해 주었으면 아이들이 고마워할 것 같은데 전혀
고마워하지 않고 오히려 짜증을 낸다. 자신의 물건을 찾지 못하기라
도 하면 왜 말도 안 하고 치웠냐고 오히려 화를 내기도 한다. 이해가
되지 않겠지만 그것은 아이들의 입장에서는 그들의 영역을 침범한
무례한 행동이기 때문이다.

48

상대방의 약점

상대방의 약점을 건드리지 말자.

모든 사람에게는 그 사람의 콤플렉스가 있다. 아무리 허물없는 사이라도 그 사람의 콤플렉스를 건드리면 안 된다.

결혼을 못 한 사람에게 결혼에 대해 물어본다든지, 수능을 앞둔 학생에게 공부를 왜 안 하냐고 물어본다든지, 살이 찐 사람에게 왜 다이어트를 안 하냐고 물어본다든지, 피부가 좋지 않은 사람에게 피부가 좋지 않다고 이야기한다든지 하는 것은 삼가야 한다.

아무리 돌부처와 같은 사람이라도 콤플렉스를 건드리면 돌아선다. 설령 그것이 진실이라도 아픈 곳을 건드리면 화가 나게 되어 있다.

상대방의 호감 얻는 법

　　　　🌸　　　　다른 사람에게 호감을 얻는 가장 빠른 방법은 먼저 상대를 좋아하는 것이다.

　사람들은 자기를 좋아하는 사람을 좋아하게 되어 있다. 그리고 내가 좋아하는 감정이 상대방에게 전달되어야 한다. 그러려면 정말 좋아하는 진실한 마음을 표현하는 방법과 어휘가 필요하다.

　평소 가족이나 친한 지인과 문자를 하다가도 끝에 내가 너를 '좋아한다'든지 '사랑한다'는 표현을 해 보자. 상대방도 진심의 ♡로 당신에게 화답할 것이다.

후회 없는 인생

아빠가 아이들과 함께하는 놀이는 아이들의 사회성을 형성하는데 도움을 주고 논리적 사고 향상, 학업 성취도 향상, 자아 형성과 자신감 향상에 긍정적인 영향을 끼친다는 연구 결과는 수많은 연구 논문을 통해 입증되었다.

아이들과 함께하는 것도 인생에서 어떻게 보면 엄청 짧은 시간이다. 아이들은 중학생이 되기 시작하면서 부모보다는 친구들과 함께하고 싶어 하고 고등학생이 되면 수험 공부에, 대학교에 들어가면 멀리 떨어져 가끔 만나게 되는 친척 같은 사이가 되게 된다. 이후 취업하고 결혼하면 이제 이웃처럼 되어 버린다. 결국 아이들과 깊은 친밀감을 쌓을 수 있는 시기는 태교 때부터 초등학교 6학년 정도까지인 13세 정도다. 그때까지 아이들과 많이 놀아 주어야 한다.

나는 아이들이 찾으면 언제든 그들에게 달려갔다. 어떤 일로 인해 엄청나게 큰 손해가 오지 않는 한 나에게 1순위는 늘 아이들이었다. 아이들의 졸업식, 입학식, 학부모 상담, 아이들 친구들과 야구, 축구, 아이의 회장 선거 지원, 학교 등교, 등산, 목욕, 냉온욕, 자전거 타기, 풍선 배구, 로데오, 비행기 태우기, 독서 토론, 봉사 활동 등등 아이들과 수많은 추억을 쌓았다. 그래서인지 별로 후회가 없다. 그리고 아이들의 그때그때 모습이 고스란히 기억에 남아 있기 때문에 나는 한 번씩 소중한 추억들을 맛동산처럼 꺼내 먹는다.

가끔 방송에서 인기 있는 연예인이 아이들의 어렸을 적 모습이 기억에 남지 않는다고 이야기하는 장면을 보게 된다. 그리고 그는 지금 와서 후회한다. 함께 놀아 줄 수 있는 시기는 다시 돌아오지 않고 그때 잠깐 그 일보다 아이들과 함께했었다면 하는 후회로 말을 잇는 것을 보면 참 안타깝게 느껴진다. 물론 그도 자신의 일에 충실하다 보니 그랬을 것이다.

아이들과 보낼 수 있는 시간은 짧다. 따라서 그렇게 중요한 일이 아니라면 아이들과 함께하며 아이들과 함께 웃고 소중한 추억을 만드는 것이 사실 그 무엇보다 소중하다는 것을 후회하면서 알게 되는 것이 인간이다.

아침에 아이를 유치원에 데려다주는데 왠지 아이가 아빠와 떨어지기 싫어하는 느낌이 있다. 아이는 아빠의 손을 꼭 쥐고 놓아주지 않는다. 출근하려고 하는데 자꾸 늦어지니 걱정이다. 그럴 때 지각하더라도 아이와 유대감을 더 가져 주자는 마음을 가지자. 아이는 그 순간 아빠를 믿게 되고 그것은 또한 세상을 믿는 것이나 마찬가지다. 그리고 그 아이는 자신감을 가지고 세상을 향해 나아갈 수 있는 것이다.

아이가 자아를 찾아 한 사람의 개인이 되기 전에 부모를 의지하는 시간은 하느님이 부모들에게 준 가장 큰 선물이라고 한다. 그 시기가 지나면 아이는 스스로 자신의 여행을 떠날 것이다. 그러니 그 소중한 선물을 놓치지 말고 아이들과 온전히 함께하자.

낙심하지 말고 계속 좋은 일을 합시다.
포기하지 않으면 제 때에 수확을 거두게 될 것입니다.

- 갈라티아서 6장 9절 -

제2장

성공한 사람이 되는 법

절실한 마음

성공하기 위해서는 어떤 결과를 바라는 마음이 절실해야 한다.

그러한 결과와 양립될 수 없는 것들은 버릴 수 있을 정도로 간절하게 바라야 한다. 그리고 우직하게 한 우물을 파는 마음으로 한 발 한 발 지속적으로 나아가야 한다.

마지막으로 결과를 얻었을 때의 모습을 상상하고 성공에 대한 확고한 자신감을 가져라.

Give and take

상대방이 원하는 것을 먼저 주고 나중에 내가 원하는 것을 얻자.

실패하는 사람들은 단기적인 이득에 집착해 자기가 원하는 것을 먼저 취한다. 그들은 자신의 이익만 챙기고 조금도 손해 보는 일은 하지 않기 때문에 지금 당장은 더 많은 것을 얻었을지 몰라도 시간이 지나면 결국 상대방에게 외면당한다.

영어에서도 Take and give라 하지 않고 Give and take라고 말한다. 물론 어떤 경우에는 내가 먼저 베풀었는데도 바로 나에게 돌아오지 않을 때도 있다. 그렇다고 실망하지 말자. 볍씨 한 개는 몇백 개로 되돌려 준다. 열심히 땅을 파고 씨를 뿌린 뒤 정성껏 가꾸다 보면 열매를 맺게 되어 있다.

상대방이 사랑을 원하면 먼저 사랑하자. 동료의 협조를 원한다면 먼저 도와주자. 상대방에게 원하는 것이 있다면 먼저 상대방에게 내가 더 많은 것을 도와주려고 해야 한다.

다시 한번 말하지만 인간관계의 기본은 Give and take이다. 따

라서 먼저 상대에게 이익이 되는 것을 주려고 해야 한다. "퍼 주고
망한 장사 없다."

대인관계

원인 없는 결과는 없다. 실패한 삶이든지 성공한 삶이든지 반드시 그 나름대로 이유가 있다. 성공하는 사람 곁에는 꼭 협조자가 있다. 원하는 것을 얻고 싶다면 반드시 다른 사람의 협조를 이끌어 낼 수 있어야 한다.

이 세상을 살아가다 보면 대부분이 사람이 하는 일이기에 사람을 통해서 안 되는 일이 없다고 생각한다. 따라서 좋은 대인 관계를 가지고 있으면 많은 문제를 해결할 가능성이 크다. 이러한 대인 관계는 사실 거창한 데 있는 것이 아니라 전화나 인사, 칭찬이나 감사 표현의 횟수나 방법의 변화를 주는 것만으로도 더 나은 관계를 유지할 수 있다.

첫인상

처음 누군가를 만났을 때 첫인상은 불과 4초 만에 결정된다. 그러한 첫인상은 외모, 복장, 표정이나 말투 등으로 형성된다. 그런데 한번 형성된 첫인상은 쉽게 바꾸기가 힘들다. 우리가 첫인상을 좋게 만들게 하기 위한 가장 쉬운 방법은 복장을 바꾸면 된다.

복장을 바꾸게 되면 우리의 행동과 태도 또한 그것에 걸맞게 바뀌기 때문이다. 평소에는 점잖던 직장인인데 예비군복을 입혀 놓으면 행동거지 자체가 달라지듯 단정한 복장을 하고 있을 때와 수염도 깎지 않고 반바지에 슬리퍼를 질질 끌고 다닐 때는 자세도 자세지만 사용하는 말과 어투도 달라지기 때문에 첫인상 결정에 가장 중요한 요소로 작용한다.

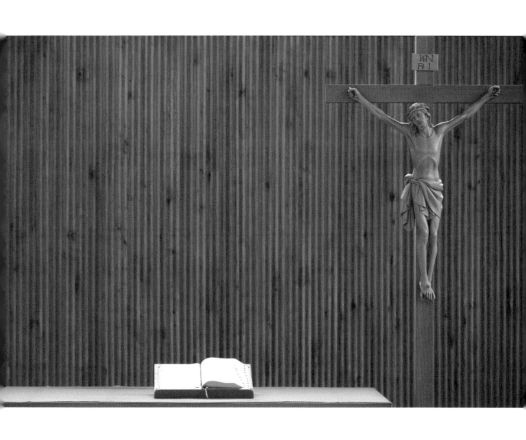

너희는 세상에서 고난을 겪을 것이다.
그러나 용기를 내어라.
내가 세상을 이겼다.

- 요한복음 16장 33절-

도전

● ● 　　도전을 해야 한다.

　가만히 앉아서 성공이 찾아오기를 기다려서는 안 된다. 만유인력을 발견한 뉴턴도 끊임없이 연구를 하지 않았다면 그 사과는 그저 떨어진 사과에 불과했을 것이다.

　도전을 무서워하지 말고 그냥 한 발을 내딛어라. 한 발 한 발 가다 보면 어느새 그로 인해 여러 가지 파생된 성공의 기회가 찾아올 것이다.

　스티브 잡스도 대학을 자퇴하고 학교 근처를 배회하던 시절 교내 게시판과 벤치 등에 쓰여 있는 글씨체에 주목했다. 그리고는 이 대학의 평생교육 강좌에서 캘리그래피 강의를 들었다. 이후 트루타입 폰트를 애플 제품에 적용하면서 수려한 글자체를 만들어 내는 데 도움이 되었다. 스티브 잡스도 그가 배운 글씨체가 이렇게 쓰이게 될 줄은 몰랐다고 한다.

　이처럼 작은 도전이라도 한 발 내딛는 것이 중요하다. 인간은 누구든 부족하다. 따라서 완벽하게 갖추어진 나를 상상하면 절대 도전을 하지 못한다. 부족하기에 인간이다. 일단 한 발을 내딛자.

부탁

● 　부탁을 잘 할 줄 알아야 한다.

　자신의 삶을 주도적으로 산다는 의미는 타인에게 도움을 요청하는 것을 거부한다는 것이 아니라 오히려 적극적으로 도움을 요청하는 삶을 의미한다.

　최선을 다했다는 말속에는 타인에게 적극적으로 부탁을 하는 것들이 포함되며 그것이 바로 가장 주도적인 행위라고 할 수 있다.

　"부탁을 하는 사람은 5분 동안 잠시 바보가 될 수 있다. 하지만 부탁을 못 하는 사람은 평생 바보가 된다."라는 중국 속담이 있다.

　또한 도움을 받았을 경우 상대방에게 도움에 대한 진행 상황이나 결과를 알려 주는 피드백을 해 주자. 상대는 도와주고 보람을 느끼게 된다.

감사한 마음 주위에 알리기

누군가에게 도움을 받았다면 그 감사한 마음을 주위에 알리자.

그렇게 되면 도움을 준 상대방의 귀에도 들어가게 된다. 그러면 도움을 준 사람이나 감사해하는 자신 모두가 좋은 소리를 듣게 된다.

성공한 사람처럼 행동

●   성공한 사람처럼 행동하자.

영화에서 영국 군함의 함장이 두려움에 휩싸인 주인공에게 전투에 임했을 때 어떻게 해야 하는지를 가르쳐 주는 상황이 있었다. 그 방법은 "전혀 무섭지 않은 척하는 것이다."라고 이야기한다.

불안에 떨고 있을 때, 아무렇지 않은 척하는 연습을 계속하면 실제로 대담해진다고 한다. 전쟁터에서 두려움에 떨지 않는 방법도 이럴진대 반대로 성공하기를 원한다면 성공한 사람처럼 생각하려 하고, 말하고, 행동하라. 또는 지금 하고 있는 일이 성공할 것임을 믿는 태도를 유지해야 한다.

어깨를 펴고 눈은 정면을 바라보고 대기업의 오너인 것처럼 말을 하라.

잘못된 선택

누구든지 잘못된 선택을 할 수 있다. 하지만 성공한 사람은 잘못된 선택을 어떤 식으로든 성공시킨다.

잘못된 선택을 했을 때도 포기하지 않고 과정이자 성장이라 생각하고 계속해서 발전해 나가다 보면 어느 사이에 이미 성공해 있다.

이미 지금까지 자신이 이뤄 낸 많은 것이 있기에 당장은 힘들지만 이 또한 곧 지나갈 것이라고 생각하기 때문이다.

모든 부부는 사랑해서 결혼했다.

　언젠가 어떤 부부의 이혼을 지켜보는 과정에서 두 부부가 이혼 소장에 적은 내용을 보게 되었다. 내가 아는 한, 두 부부는 분명히 사랑해서 결혼했을 터인데 이혼 소장에는 어떻게 서로 만나서 아이를 낳고 지금까지 살 수 있었는지 이해가 되지 않은 내용들이 많았다. 말그대로 진흙탕 싸움을 보는 것만 같았다. 어떤 부분은 상대방이 전혀 기억도 나지 않는 일인데 최대한 악의적으로 부풀려 기술해 놓은 것도 있었고 어떤 부분은 상대방이 알고 있었던 것과 완전히 다르게 기술해 놓아 그것을 보며 기가 막혀 하는 모습을 보기도 했다.

　과연 두 부부는 정말 사랑해서 결혼했을까? 그렇다. 나는 단호하게 이야기할 수 있다. 두 부부는 분명히 사랑해서 결혼했다.

　톨스토이는 행복은 인간을 이기주의자로 만든다고 했다. 사람은 행복을 추구하는 존재이다. 그렇기 때문에 인간은 이기적일 수밖에 없다. 또한 이기심(利己心)이라는 단어를 국어사전에서 찾아보면 자기 자신의 이익을 꾀하는 마음으로 표현되어 있다. 곧 자신을 사랑하는 마음이다. 그것은 모든 인간에게 똑같고 당연한 것이다.

　우리는 살아가면서 많은 사람을 만난다. 친구, 동료 등 우리는 자신과 약간이라도 맞거나 자신을 이해해 줄 수 있는 사람에게 곧 우정, 사랑을 느끼고 친해지곤 한다. 그것의 가장 결정타가 부부인 것이다. 자신이 행복해지기 위해 친구, 동료보다 많은 부분을 골라 선택하는 것이 부부이다. 외모, 성격, 능력, 집안 등 많은 조건을 고르고 골라 선택하는 것이 부부인데 그것은 곧 최소한 자신을 사랑하기 때문에 선택한 것이고 그 선택에서 잠시라도 행복을 느꼈기 때문에 사랑했던 것이다.

그리고 상대방과 나눈 육체적인 관계에서 분명 잠시라도 사랑을 느꼈을 것이다. 느꼈기 때문에 받아들일 수 있었던 것이다. 그렇게 만났기 때문에 우리는 헤어지는 순간이 오더라도 분명 그 사람을 사랑했던 것만큼은 받아들여야 한다.

둘이 콩깍지가 벗겨져 나의 이기심에 턱없이 부족한 사람으로 상대방이 느껴지는 상황이 오더라도 그 사람을 사랑했던 것만큼은 잊지 말아야 한다. 처음 서로 만나 미친 듯이 상대방이 보고 싶고 서로를 탐닉하는 것만이 진정한 사랑이 아니다.

사랑은 상대방을 인정하고 이해하는 것이다. 이기심으로 시작한 나 자신을 미워하지 않으려면 내가 선택한 상대방의 다른 점을 인정하고 이해하는 노력이 필요하다.

언젠가 유럽 여행을 간 적이 있다. 쉽게 스위스에 오지 않는 날씨였다고 당시 가이드가 설명해 주었는데 정말 화창한 날을 보게 되었다. 기차를 타고 산을 오르다 산 중턱쯤에서 멀리 노을을 보고 앉아 있는 노년 부부를 보게 되었다. 나도 결혼해서 저 노년 부부처럼 나이가 들어 노을을 보며 꼭 두 손을 쥘 수 있는 삶을 살아야겠다고 다짐했다. 그렇게 두 부부가 살 수 있었던 것은 험난한 인생길을 서로 같은 곳을 보며 있었기에 동행이 가능했을 것이라 생각한다.

살면서 아무리 부부간에 힘든 상황이 오더라도 내가 이 사람을 사랑해서 만났다는 것을 잊지 말자. 부부는 하늘이 주신 가장 큰 선물이다.

　부부는 예수님께서 우리의 원죄를 지고 죽음을 선택하시면서 몸소 보여 주신 사랑을 우리가 현실에서 직접 실천할 수 있는 관계이다. 사실 부부가 되기 전에는 둘 다 금성과 화성에서 살며 서로 전혀 다른 인생을 살아왔지만, 부부가 되어 서로의 다른 점을 인정하고, 서로를 이해할 수 있는 기회가 만들어지게 된다. 하늘이 주신 가장 큰 그 선물을 사랑했고 지금도 사랑하는 것은 곧 나 자신을 그만큼 사랑했고 사랑하고 있다는 방증이기도 하다. 이 세상 행복의 시작은 건강한 부부 관계에서 시작된다. 자녀들 또한 그 사랑을 보고 자라며 사랑하는 법을 배운다. 부부 사랑의 결정체인 자녀를 소중하게 생각한다면 우리 부부는 분명 사랑해서 만났다.

나는 네 기도를 들었고 네 눈물을 보았다.
이제 내가 너를 치유해 주겠다.

- 열왕기하권 20장 5절 -

개방적

● 　　　　성공하기 위해서는 개방적이고 열려 있는 사람이 되자.

　다양한 분야에 있는 다양한 사람의 의견을 듣고 그것을 자신의 삶에 적용할 수 있도록 노력해야 한다. 그리고 성공하여 잘되고 있더라도 계속해서 배움의 의지를 유지하려 해야 한다. 자신이 잘하는 분야에서도 새로운 내용을 배우려고 노력해야 하고, 또 잘 모르는 분야가 있으면 분명 공부하고 학습해야 한다. 그리하여 자신의 일에 어떻게 적용하고 응용할지를 끊임없이 생각하자.

어제보다 나은 나

　　● 　　　남하고 비교하지 말고 어제보다 하나라도 나은 내가
되자.

　어제 정리 정돈을 하지 않았다면 오늘 정리 정돈을 하는 사람이
되어 보자. 어제 운동을 하지 않았다면 오늘 운동을 하고 건강한 사
람이 되어 보자. 어제 책을 읽지 않았다면 오늘 한 페이지의 책이라
도 읽는 사람이 되자.

　현대사회에서 사람들은 높은 지위나 연봉을 얻는 것이 모두 개인
의 노력 여하에 달려 있다고 생각한다. 높은 자리와 고연봉자는 한
정되어 있기 때문에 수많은 경쟁자를 물리쳐야 하고 그러다 보니 경
쟁자와 자신을 끊임없이 비교하게 된다. 그렇게 되면 우리는 불안해
진다. 나보다 좀 더 잘나가는 지인을 보면 남들보다 나 자신이 뒤처
지는 것 같은 생각이 든다.

　그런 생각을 하면서 따라가기에 급급하다 보면 어느 순간 멀리
가 있는 상대를 보며 포기를 하게 된다.

　비교는 남하고만 하는 게 아니다. 어제의 나도 비교 대상이 될 수

있는 것이다. 어제보다 하나라도 나아졌다면 그것 또한 훌륭한 성취
인 것이다.

이렇게 하루하루 어제보다 나은 내가 된다면 어느 사이 훨씬 성
장해 있는 나를 발견하게 될 것이다.

상대방과의 약속

●● 　　　상대방과 한 작은 약속도 지키려 노력하여 사람들에게 믿음을 주자.

사람 사이에서 믿음을 얻기 위해서는 작은 약속도 지키는 노력을 해야 한다. 친구와 만나기로 한 약속, 자녀와 놀아 주겠다는 약속 등 작은 약속들을 지키지 못한다면 결국 친구와 자녀에게도 신뢰를 잃게 된다.

작은 약속이라도 성실히 지켜 가는 당신은 어느 날 지금은 감당할 수 없는 큰 약속도 지켜 내는 당신을 발견할 것이다. 약속 시간 10분 전 당신이 지금 서 있는 그 위치는 곧 내일 자신의 위치를 말해 준다.

아무 흠도 없고 황금을 밝히지도 않는 부자는 행복하다.

- 집회서 31장 8절 -

자신만의 루틴 지키기

삶의 궁극적인 목표는 돈만 좇아 무조건 돈을 많이 버는 것이 아니다. 결국 자신만의 비전과 자신만의 가치를 찾아 자신만의 목표에 집중하여 끊임없이 달리는 것이다. 자신만의 비전을 알고 가치를 가지고 있기에 어떤 힘든 일이 있더라도 지치지 않고 앞으로 나아갈 수 있는 것이다.

시간이 없어도 운동을 하고 외모를 가꾸어야 한다. 그렇게 하면 사람들에게 호감을 주게 되어 있고, 또 그것으로 인해서 더욱 많은 기회를 얻어 부자가 될 수 있다. 그리고 일찍 자고 일찍 일어나는 습관을 가져야 한다. 아침의 기분이 하루를 좌우하며, 그 하루하루의 기분이 쌓여 인생이 좌우된다는 것을 우리는 너무나도 잘 알고 있기에 멋지고 건강한 아침을 맞이하기 위해 일찍 잠자리에 들어야 한다.

결국 가장 무서운 사람들은 자신만의 루틴을 끝까지 지키려고 하는 사람들이다. 이렇게 자신만의 루틴을 성실하게 지속하는 사람에게 어느 순간 기회가 주어지면 자신의 역량을 최대치로 발휘하게 된다.

인맥도 매우 중요하다. 하지만 가장 우선적으로 중요한 건 바로 나 자신이 어떠한 부문에서 능통해야 한다. 그래야지 주변에 많은

기회와 사람들이 온다. 부자들은 단지 자선 활동을 하는 사람들이
아니다. '이 사람이 과연 자기에게 어떠한 도움을 줄 사람인지'를 본
능적으로 파악한다.

돈으로 시간 사기

가난한 사람들은 시간을 활용해 돈을 얻지만, 부자들은 돈을 가지고 시간을 산다.

아웃소싱 개념을 적극적으로 활용하자. 자신이 기업을 꾸린다면 서울대를 나올 필요는 없다. 오히려 밑에 똑똑한 사람을 뽑으면 된다. 이처럼 모든 것을 자신이 전문가가 되려 하기보다는 어떤 분야에는 능통한 사람을 비용을 주고 쓰고, 자신의 전문 분야에 많은 시간을 투자하자.

의미 없이 보내는 시간들을 줄이고, 더 많은 시간을 확보해 생산적인 일을 하다 보면 같은 시간을 더욱 알차고 효율적으로 살 수 있게 된다. 연예인 중 누가 더 예쁜지로 몇 시간 동안 갑론을박하는 사람들이 있다. 그런데 정작 그 연예인은 그들의 존재조차 모른다. 그리고 자신이 생각하는 예쁜 연예인이 상대방이 생각하는 연예인보다 예쁘다는 걸 입증할 수 있는 객관적인 증거도 없다.

돈이 없다고 매일 걱정하고 불평만 하지 말고 어떻게 하면 돈을 더 잘 벌 수 있을지, 어떻게 하면 돈이 되는지 행복한 마음으로 고민하다 보면 무조건 많은 돈을 벌 수밖에 없다.

프랜차이즈 치킨집에서 선착순 200명에게 무료로 치킨을 제공한다고 할 때 하루 종일 줄을 서서 치킨을 받으려 하지 말자. 공짜는 어떤 식으로든 대가를 치러야 하기 때문에 돈을 쓰더라도 그 시간을 통해 배울 수 있는 것들, 그리고 즐길 수 있는 것들을 찾으려 하자. 무료로 치킨을 제공한다고 기다리기보다는 차라리 하루 종일 시간이 가능한 사람에게 그 정보를 주고 그 정보의 대가로 치킨을 나누어 먹기로 하는 것이 훨씬 효율적일 수 있다.

최선의 선택

직감을 믿되 중요하다고 생각하는 가치관들도 고려하자.

가령 A가 나에게 5000만 원을 벌어다 주는 사람이라고 생각하고 있다. 그리고 B는 1000만 원을 벌어다 주는 사람이라고 생각하고 있다. 하지만 A를 만나 보니 생각보다 나랑 잘 안 맞는 것 같고 함께 있으면 불편하다. 하지만 B는 훨씬 더 잘 맞는 것 같고 결이 나와 비슷하다. 그렇다고 B를 선택하지는 못한다. 이 사람이 나에게 벌어다 주는 돈의 차이가 꽤 크기 때문이다.

이와 같은 상황이 발생했을 때 직감을 믿고 선택을 하더라도 그 결정을 할 때 그 사람의 성실성, 품성, 평소 행동, 능력, 인간성, 평판 등등 굉장히 많은 부문에 대한 자신만의 기준을 가지고 판단한다면 그 선택이 최선이 될 수 있다.

항상 기뻐하십시오.

늘 기도하십시오.

어떤 처지에서든지 감사하십시오.

- 테살로니카1서 5장 16~18절 -

용기

부자가 되고 싶으면 지금 당장 용기를 내서 부자에게 다가가라.

그리고 "부럽고 나도 부자가 되고 싶다."라고 고백하라. 꾸밈이 없이 다가가서 스스로 간절히 원함을 표현하면 부자는 좋은 기회를 제공할 수 있다.

부자는 자신의 좋은 영향력으로 그 사람이 변화하는 모습을 보게 되면 보람과 가치를 느끼게 될 것이다. 그런 선한 영향력으로 그들은 당연히 잘될 수밖에 없다.

다만 부러워하되 질투는 하지 마라. 부러운 마음은 결국 나도 그것을 가지고 싶다는 마음이고 질투는 둘 다 가지지 않았으면 하는 마음을 낳기 때문이다.

다양한 경험

　　● 　　그냥 방구석에서 '내가 마음만 먹으면 제일 잘할 텐데.', '내가 진짜 안 해서 그렇지, 하면 장난 아니야.'라고 생각만 하지 말고 아무리 힘든 일이라도 스스로를 믿고 일단 도전해 보자.

그러면 그러한 과정에서 무언가를 얻게 되며 계속해서 발전해 나갈 것이다. 때론 실패를 하더라도 그 경험치는 내 삶의 일정 부분에 온전히 남아 있을 것이다. 그것은 다른 것을 할 때도 많은 도움이 된다. 살아감에 있어 그것이 무엇이 되었든 경험을 해 본 것에 대해서는 조금이라도 여유가 생기고 의연해진다.

어떤 경험이든 의미 없는 경험은 없다. 많은 경험을 해 본 사람들은 사고가 열려 있어 그들의 다양한 경험을 연결시켜 최선의 선택을 한다.

자기계발

● ●   계속해서 자기 계발을 하자.

독서를 해도 좋고, 운동을 해도 좋고, 영어 공부를 해도 좋다. 그리고 스피치든지, 재테크든지 지속적으로 공부해 나가다 보면 분명 배운 것을 삶에 적용시킬 기회가 있을 것이다.

그리고 자기 계발을 위해서는 자신의 돈을 아끼려 하지 마라. 술집에 가면 하룻밤 술값으로 보통 10만 원도 쉽게 쓴다. 그런데 10만 원 하는 강의는 너무 비싸다고 주저한다.

이처럼 자기 계발에 쓰는 돈이 아깝다고 느끼는 순간 그 사람은 거기서 발전을 멈추게 된다.

새로운 하루

● 　　　매일 아침을 깨끗한 새 정신으로 맞이한다는 마음을 가지자.

같은 하루인데도 누구에게는 어제의 연장일 뿐이지만 나에게는 새로운 하루의 시작이 되게 하자.

맑은 정신으로 오늘 자신이 해야 할 일, 그리고 아침에 일어나 만나는 가족들을 처음 보는 사람 대하는 마음으로 소중하게 맞이하자.

내가 오늘 무엇을 하느냐가 중요하다. 결국 내 인생 중 하루를 그것이 차지할 것이니까. 그러한 마음으로 살면 새로운 아이디어가 샘물처럼 솟아날 것이다. 그런 하루하루가 모여 평생이 되는 것이다.

아무것도 걱정하지 마십시오.
어떠한 경우에든 감사하는 마음으로 기도하고 간구하며
여러분의 소원을 하느님께 아뢰십시오.

- 필리피서 4장 6절 -

환경 바꾸기

●   지금 살고 있는 환경을 바꾸어 보자.

월세 10~20만 원 아끼려고 반지하에 살면서 지저분한 주변 환경
에 노출되고 홍수가 날까 봐 매일 걱정하는 하루를 보내기보다, 돈
좀 더 주고 매일 상쾌한 주변 경관을 느끼는 곳에 사는 게 훨씬 이득
이다. 물론 형편이 어려운 경우는 그 또한 쉽지 않지만 조금 더 여유
가 있다면 좋은 환경을 만들려고 노력하자.

하루의 기분은 우리의 인생을 바꾼다. 내가 지금 보는 것, 그리
고 듣는 것, 그리고 내가 느끼고 있는 감정이 곧 우리의 인생을 좌우
함을 명심하자. "성공하고 싶다면 침대 위 이불부터 정리하라."라는
명언이 있다.

주변이 정돈되어 있지 않고 늘 어지럽게 되어 있는 사람들은 본
인의 마음, 그리고 감정까지 정돈되어 있지 않을 수 있다.

디테일

● 　　　　가장 작은 디테일에 집중하자.

　비범한 것을 창조하기 위해서는 집요할 정도로 가장 작은 디테일에 몰두해야 한다.

　철학자 파스칼의 말로 알려진 "클레오파트라의 코가 1센티만 낮았더라도 세계의 역사는 다시 쓰였을지도 모른다."라는 말이 있다. 1센티에 세계의 역사가 바뀔 수 있을 정도로 작은 디테일에 세상이 바뀔 수 있다.

　직장에서도 직급이 올라갈수록 디테일의 중요성은 높아진다. 깊이 몰두하여 작은 실수도 줄이고 남들이 생각하지 못한 것을 창조하는 능력은 성공의 지름길이다.

선행

● 　선행을 베푸는 삶을 살자.

결국 그렇게 쌓인 덕은 자신과 후손에게 복이 되어 돌아올 것이다.
좋은 것이 있으면 공유하지 않고 혼자만 가지려는 사람이 있다.
물론 리스크가 있는 투자는 상대에게 권유하기 힘들다. 하지만 정보
를 알아 신청을 하면 보상을 받을 수 있는 것들은 상대방도 알게 되
면 득이 되는 것이다. 이렇게 남에게 도움이 될 만한 좋은 것들을 상
대에게 알려 주면 당신에 대한 감사를 곱절로 기억할 것이다.

불가에서도 복을 받는다는 것은 전생에 쌓은 덕이 있어야 한다는
말이 있듯이 현재 선행을 베푸는 삶을 살다 보면 언젠가 그 복이 다
시 복이 되어 돌아온다.

긍정적으로 세상을 살자.

우리는 노후를 어떻게 준비해야 할지 걱정한다. 또한 힘든 일이 닥치면 하필 왜 나에게 이렇게 힘든 일이 닥치는지 자신을 한탄하고 괴로워한다.

사실 가장 중요한 것은 지금 행복하게 살려고 하는 것이다. 그렇게 하루하루 행복하게 살다 보면 노후도 행복해지는 것이다. 그리고 닥치는 힘든 일도 거뜬히 이겨 낼 수 있는 것이다.

100억 원을 가진 부자가 1000억 원을 가진 부자 앞에 가면 기를 못 쓴다고 한다. 왜 그럴까? 결국 현재 자신이 가진 것을 감사하게 생각하지 않고 더 많은 것을 가지지 못한 자신이 부끄럽기 때문이다.

며칠 전 친한 친구가 뇌경색으로 쓰러졌다. 나는 매일 그 친구를 위해 기도했다. 제발 아무 일 없이 건강하게 회복되기를 하느님께 간절하게 빌었다. 기도가 통했는지 그 친구는 의식을 차렸다고 한다. 그런데 주변이 흑백으로만 보이게 되었다는 이야기를 듣게 되었다. 나는 시간이 지나면 괜찮아질 것이라 친구를 다독였지만 그 친구는 쉽게 현실을 받아들이기 어려웠던 것 같다. 하지만 주변에 눈이 보이지 않는 사람이 있다고 생각해 보자. 그 사람 입장에서는 흑백으로라도 보일 수 있는 것이 부러울 것이다. 어떻게 보면 현재 살아 있다는 것에 감사해야 한다. 개똥밭에 굴러도 이승이 좋다는 말이 있지 않은가.

우리에게 닥치는 힘든 일도 분명 우리가 감내할 수 있을 정도로 온다. 그 힘든 일도 살아 있으면 결국 이겨 내게 되어 있다. 자신이 가진 것에 만족하지 못하는 사람은 결국 자신이 천국에 가도 만족하지 못한다.

모든 것은 마음먹기 나름이다. 하루하루 행복하게 살려고 하자. 사무실에 출근해서 커피 한잔 마시는 일, 가족들과 저녁을 먹는 일, 사무실 동료들과 인사하는 일, 맛있는 점심을 먹기 위해 인터넷을 찾아보는 일, 책상에 앉아 일을 하고 있는 순간, 회의실에서 해결되지 않는 일을 가지고 열렬히 토론하는 일 등 이 모든 것이 어떤 사람에게는 그저 똑같은 일상이겠지만 어떤 이에게는 정말 본인이 하고 싶은 일일 것이다. 어제 죽은 이가 그토록 살고 싶어 했던 오늘, 꼭 하고 싶었던 일일 수 있다는 것이다.

따라서 세상을 긍정적으로 바라보고 지금 이 순간 하고 있는 모든 것에 감사하자. 그리고 멀리서 찾지 말고 현재 내가 가진 것에서 행복을 찾자.

계단을 내려가다 한쪽 다리를 다쳤다고 세상을 원망하지 말자. 다행히 다른 쪽 다리까지 다치지 않은 것이 감사할 따름이다. 이가 좋지 않다고 나는 왜 부모에게 건치를 물려받지 않았는지 원망하지 말자. 유전적으로 잇몸이 좋지 않아 임플란트를 못 하는 사람도 많다.

그저 지금 내가 가진 것을 감사하게 여길 줄 아는 마음을 가지자.

만병의 근원은 스트레스라고 한다. 그런데 긍정적인 사람은 만성적인 스트레스를 받을 가능성이 적으며 면역력도 높아 병에 걸릴 가능성이 적다는 연구 결과도 있다. 긍정적인 사람은 우울증과 같은 정신적인 병을 겪을 가능성도 적다고 한다. 60살이 넘으면 못생기나 잘생기나 똑같고, 70살이 넘으면 돈이 있으나 없으나 똑같다는 이야기가 있다. 결국 건강이 가장 중요한 것이다. 현재 자신이 가진 것들에 행복해하고 감사할 줄 아는 사람은 매일매일을 행복하게 살수 있고 결국 노후도 행복하게 살게 될 것이며 죽은 후 천국에 가서도 행복할 수 있는 것이다.

우리 주 예수 그리스도를 통하여
우리에게 승리를 주시는 하느님께 감사드립시다.

- 코린토1서 15장 57절 -

제3장

행복한 사람이 되는 법

감사하는 삶

작은 것에도 감사할 줄 알자. 감사할 게 많으면 많을수록 인생이 행복해지고 풍요로워진다.

평범한 취미일지라도 자신이 좋아하는 취미가 있으면 시간이 날 때 할 수 있고, 자신이 힘든 일이 있으면 달려와 술 한잔 마실 수 있는 친구가 있고, 승진에서 떨어져 풀이 죽어 있을 때 옆에서 늘 응원하는 가족이 있고, 아침에 일어나 맑은 하늘을 볼 수 있다면 행복한 삶이 아닐 수 없다. 이렇게 사소한 것에도 감사할 줄 아는 사람이 된다면 인생은 저절로 행복해질 수밖에 없다.

나의 생각과 관점만 조금 바꾸어도 세상에 행복한 것들이 넘친다는 것을 알 수 있다.

타인의 평가

사람들이 어떻게 나에 대해 평가하는지 신경 쓰지 말자.

어떤 일이든 자신이 부끄럽지 않다고 생각되면 당당하고 끈기 있게 헤쳐 나가자. 결국 시간이 지나면 주위 사람들이 인정할 것이고 오히려 도와주려 할 것이다. 남들 눈치 보고 억지로 배려해 준다고 스스로를 잃는 게 가장 바보 같은 짓이다.

나를 좋아하는 사람에게
최선을 다하기

모든 사람에게 사랑받을 순 없다. 그러니 지금 나를 좋아하는 사람들에게 최선을 다하자.

살다 보면 이유 없이 나를 싫어하는 사람들이 있다. 그런 사람들에게 잘 보이려 해 봤자 그건, 밑 빠진 독에 물을 붓는 것이나 다름없다. 오히려 내 소중한 감정과 마음만 다친다. 대부분의 사람이 좋아하는 사람이 있을지라도 분명 그를 싫어하는 사람도 있을 것이다. 하물며 공자도 싫어하는 사람이 있다.

그러니 그런 사람들에게 맞춰 주며 스트레스를 받지 말고 나의 좋은 점을 바라봐 주는 사람들에게 최선을 다하자.

타인과의 비교

다른 사람과 비교하지 말자.

다른 사람과 비교를 하다 보면 상대적 박탈감에 어느새 가슴은 공허해지고 쫓기는 듯한 마음이 생긴다.

내 인생을 살기에도 바쁘고 내가 앞으로 어떻게 될지도 모른다. 타인의 이야기에 좀 더 무관심해지려고 노력하자.

과거의 나와만 비교하자. 과거보다 하나라도 나은 현재를 살고 있다면 그것으로도 충분하다.

여러분이 바로 하느님의 성전입니다.

- 코린토1서 3장 17절 -

현재에 충실

한때 잘나갔던 과거에 얽매여 있지 말자.

누구나 과거에 한 번은 잘나갔던 경험이 있을 수 있다. 그 경험에 빠져 현실을 도외시한다면 나만 나약해질 수밖에 없다. 중요한 건 현재의 모습이다. 과거의 추억은 잠시 술자리에서 꺼내는 10분의 추억으로 생각하고 현실에 최선을 다하자.

또한 이미 다 엎질러져 버린 일에 대해 후회해 봤자 오히려 자신의 에너지만 소모될 뿐이다. 과거에 아직 빠져 있는 사람들은 자신의 현실에 대해서도 충실하지 못하며 아쉬움만 가득 찬 사람들이다.

과거 얘기를 꺼내 봤자 변하는 건 없다. 그 시간에 차라리 현재의 상황을 파악하여 자신의 발전을 위해 뭐라도 하는 게 남은 인생을 살아감에 있어 훨씬 더 도움이 될 것이다.

셀프 칭찬

일주일에 한 번은 자신을 스스로 칭찬하는 시간을 가지자.

조용한 카페에 가서, 아니면 잠시라도 혼자 드라이브를 하며 나는 어떤 사람이고, 지금까지 어떻게 살아왔으며, 또한 자신이 원하는 것이 어떤 것인지를 여유 있게 돌아보는 시간을 가질 필요가 있다. 그 과정에서 스스로에 대한 자기 확신을 찾을 수 있다.

본인 스스로를 믿고 사랑하자. 본인이 일주일간 이룬 작은 성취와 그 성취를 이루기 위한 과정들까지 온전히 칭찬하는 연습을 하자.

칭찬에 대한 화답

남이 해 주는 칭찬을 인정하자.

자신의 기준에 그 칭찬이 가식적이라고 느껴지거나, 칭찬을 받기 충분하지 않다고 인지하더라도 우선 "고마워."라고 받아들이자. 그리고 그 칭찬을 돌려주자. "고마워. 너도 이러한 일을 할 수 있다는 것이 정말 대단한데?"라는 식으로 화답을 하자.

상처받지 않기

별로 친하지 않은 사람이 생각 없이 던진 말에 상처받지 말자.

사실 시간이 조금 지나면 기억하지도 못할 수 있는데 굳이 계속해서 자신의 마음에 담아 둬 봤자 자신만 힘들어진다.

하지만 친한 사람이 던진 말에 상처를 받았다면 그 사람과의 계속적인 좋은 관계를 위해 그런 말은 내가 상처를 받는 것 같다고 솔직하게 이야기하자.

걱정

늘 현재 살아가고 있는 삶에 충실하고, 나에게 일어나지도 않은 일에 대해 너무 고민하고 걱정하지 말자. 만약 일어나면 그때 가서 어떻게 할지 생각하면 된다.

행복한데도 굳이 불안해지는 마음이 있을 때가 있다. '이 행복이 영원하지 않으면 어쩌지?'라고 가정하며 스스로를 불행하게 만든다. 그런데 그럴 필요가 없다. 그저 지금의 행복에 감사하며 살자.

도움에 대한 보답

누군가 나에게 부탁할 때, 먼저 내 기분이 어떠한지 잘 살펴볼 필요가 있다.

뭔가 찜찜하거나 기분이 안 좋으면 그건 다 이유가 있다. 도와줄 때는 기분이 보람찬 게 당연하고, 도움에는 보답이 따라오는 게 당연한 것이다.

누군가를 호의로 도와줬는데 그 호의를 당연히 여기고, 상대방으로부터 돌아오는 것이 없이 오히려 기분만 좋지 않다면, 그런 사람들과의 관계는 가급적 멀리하는 것이 좋다.

우리는 하루살이 인생이다.

지구가 태양계의 일원으로 탄생한 것은 약 45억 년 전이라고 한다. 또한 지구상에 최초의 생명체가 존재한 것이 약 30억 년 전이라고 한다. 그리고 태양은 우리 은하의 천억 개의 별 중 하나이며 우리 은하는 우주 공간 속에 있는 천억 개의 은하 중 하나이다.

외계에는 정말 어떤 생명체가 존재하는지 아무도 알 수 없다. 최근에는 UFO의 존재가 그 어느 때보다 부각되고 있다. 그러면 이렇게 수십억 년의 흐름을 하느님 관점에서 바라본다면 우리 인간은 어떤 존재로 보일까? 그냥 하루살이들로 보일 것이다. 그 하루살이들 중에는 조금 더 사는 사람도 있고 조금 덜 사는 사람도 있고, 나름 화려하게 사는 사람들도 있고 갑작스러운 사고에 의해 죽음을 맞는 사람들도 있겠지만 하느님이 보았을 때는 그저 하루살이에 불과할 것이다.

기껏해야 인간의 수명은 80~100살이다. 수십억 년의 시간에 비교하면 정말 말 그대로 일장춘몽이다. 잠깐 꿈을 꾸다 사라지는 것이 인생인 것이다.

우리가 지금 공원을 산책하고 있다고 상상해 보자. 내가 한 발 걷고 지나간 길을 다시 한번 더듬어 보면 정확히 모든 사물이 그려지지 않을 것이다. 한 장의 사진보다도 더 막연하게 지나간 길이 상상이 될 것이다.

이처럼 지금 지나치고 있는 현실은 찰나에 불과하고 그 찰나 또한 내가 인식하고 있어야지 현실인 것이다. 지나가면 모든 것이 과거이고 그 과거는 흐릿한 기억으로 사라지는 것이다.

인생에 대한 유명인의 명언을 살펴보면 일본의 소설가 다자이 오사무는 "내게 있어 이 세상의 현실은 잠 속의 꿈의 연속이기도 하고, 또 잠 속의 꿈은 곧 나의 현실이기도 하다."라고 말했고, 윌리엄 셰익스피어는 "우리들은 꿈과 같은 것으로 만들어졌고, 우리의 덧없는 삶은 잠으로 싸여 있다."라고 했다. 그리고 미국의 시인 에드거 앨런 포는 "우리가 보거나 생각하는 모든 것은 꿈에 지나지 않는다."라고 말했고, 도요토미 히데요시는 "몸이여, 이슬로 와서 이슬로 가나니. 나니와의 영화여, 꿈속의 꿈이로다."라고 말했다. 오스트리아와 영국의 철학자인 비트겐슈타인은 "우리는 잠들어 있고 인생은 꿈이다. 그러나 우리는 가끔씩 깨어난다. 우리가 꿈꾸고 있다는 사실을 알 수 있을 정도로만."이라고 말했으며, 영화 〈매트릭스〉에서도 "절대 깨지 않는 꿈이 있다면 그것이 꿈인지 생시인지 어떻게 알 수 있을까?"라는 대사가 나온다. 장자는 〈제물론(齊物論)〉에서 꿈과 깨달음의 관계에 대해 논했다.

꿈을 꾸고 있을 때는 그것이 꿈이라는 것을 알지 못하다가 깨어난 뒤에야 비로소 그것이 꿈이었음을 아는 것처럼, 크게 깨달은 뒤에야 비로소 인생이 큰 꿈이었음을 안다고 말한다. 인생이 꿈이라는 것을 깨닫지 못한 어리석음은 사람들이 오히려 스스로 깨어 있다고 착각하고, 인생의 꿈속에서 벌어지는 허망한 일에 대해 집착하게 한다고 한다.

　하루살이도 3년을 애벌레로 있다가 부화해 하루 동안 짝짓기를 위해 몸부림치다 사라진다고 한다. 우리네 인생도 각자는 수많은 애환을 담고 살아왔지만 모든 것은 한순간의 꿈이었던 것이다. 그래서 늘 깨어 있는 사람으로 찰나로 지나는 그 현실을 즐겁게 받아들이고 감사하게 여겨야 하는 것이다.

이것이 나의 계명이다.

내가 너희를 사랑한 것처럼 너희도 서로 사랑하여라.

- 요한복음 15장 12절 -

나부터 챙기기

각박한 세상에서 일단 나부터 챙겨야 한다.

누가 나를 챙겨 주기를 기다리지 말고 나 자신이 나를 챙기자. 맛있는 음식을 먹고 싶으면 누가 나에게 사 주길 기다리지 말고 나에게 맛있는 것을 사 주자. 입고 싶은 옷이 있으면 한 푼 아낀다고 궁색하게 굴지 말고 나에게 사 주자. 내 마음이 여유가 있어야지 세상을 바라보는 시야도 넓어진다.

또한 나 자신이 건강하고 여유로우면 다른 사람들이 아무리 나를 이용하고 흔들려 해도 절대 흔들리지 않는 단단한 사람이 될 수 있다.

자연의 법칙과 인간 본성

무식한 사람이 신념을 가지면 무서워지니 그런 사람을 설득하려 하지 말자.

어떠한 사상을 받아들이기 위해서는 자연의 법칙이나 인간의 본성에 대해 한 번쯤 생각해 볼 필요가 있다. 자신이 믿는 세상만 옳다고 생각하고 자신과 생각이 다른 사람은 배척하는, 그런 무식한 사람을 설득하기 위해 자신의 에너지를 투입할 필요가 없다.

그 사람들에게는 사실이 중요하지 않다. 본인이 생각했을 때 지구가 평평한 거면, 지구는 평평해야만 한다. 지구가 둥글다는 사실을 논리적으로 아무리 설명해 줘 봤자 앵무새처럼 같은 말을 반복할 사람들이다.

상대의 막말

상대의 막말은 결코 흘려보내지 말자.

상대가 막말을 하는데 그것을 그대로 흘려보낸다면 그 사람은 앞으로도 당신에게 막말을 해도 괜찮다고 생각하여 계속해서 선을 넘게 될 것이다.

상대방이 막말을 하면 그 막말에 대해 분명히 지적하자. 그렇게 했는데도 계속 그렇게 한다면 그 사람과 가급적 만남을 가지지 말자. 그렇다고 감정을 자제하지 못해 때리게 된다면 그건 결국 나의 손해이니 그런 사람은 나에게 도움이 되지 않는 사람이라 생각하고 만나지 말자.

감정의 근원

기분이 좋지 않을 때는 그 감정의 근원을 찾자.

내가 어떤 일에 감정이 폭발하는지, 내가 어떤 일에 그런 기분으로 빠져드는지, 그 감정의 근원을 파악하다 보면 좋지 않은 일이 발생했을 때 감정을 컨트롤할 수 있는 힘이 생긴다.

술을 많이 먹어 힘들어하는 남편에게 아내가 화를 낸다. 아내는 분명 남편의 건강이 걱정되는 것이 자신을 속상하게 하는 원인인데 어느새 본질이 전도되어 버린다. 남편도 아내에게 미안한 마음이 큰데 화를 내는 아내에게 오히려 더 심하게 화를 내는 상황을 가정에서 쉽게 접할 수 있다. 서로가 감정의 근원을 찾아내 그 부분을 표현하자. 그렇게 되면 서로가 마음을 상하는 일은 없을 것이다.

낙심하지 말고 계속 좋은 일을 합시다.
포기하지 않으면 제때에 수확을 거두게 될 것입니다.

- 갈라티아서 6장 9절 -

좋은 사람들과 보내는 시간

좋은 사람들과 많은 시간을 보내자.

세상에는 많은 사람이 있다. 그 많은 사람 중에 특히 내가 조금 실수하더라도 나를 포근히 감싸 줄 수 있고, 나의 부족한 면을 100% 이해하고 받아들여 줄 그러한 가족, 친구, 지인들과 많은 시간을 보내자.

그 사람들은 나를 걱정해 주며 함께 더 좋은 방안을 찾아갈 수 있도록 고민을 해 줄 것이다. 내가 가진 슬픔과 기쁨을 좋은 사람들과 공유하면서 적당한 해결책들을 찾아가다 보면 더욱 건강하게 성장하고 있는 자신을 발견할 것이다.

10분의 명상

매일 10분 이상씩 명상에 잠기는 연습을 하자.

내가 고쳐야 할 부분이 무엇인지 집중해서 명상에 잠기다 보면 분명 다른 생각이 이내 머리를 채우곤 한다. 그러면 다시 원래의 생각으로 돌아가 객관적으로 스스로를 바라보는 과정을 되풀이하자. 이내 마음은 평온해지고 세상을 여유롭게 포용할 수 있는 마음의 바다가 생겨 스트레스를 극복할 수 있을 것이다.

감사 일기

매일 감사 일기를 쓰자.

2003년 에몬스와 매컬러프 박사는 감사 일기를 매일 쓰는 사람은 숙면과 신체적 통증 감소, 행복감 증가, 변화에 대처하는 능력이 좋아진다는 사실을 발견했다.

하루 3가지라도 지금 이 순간, 감사하고 싶은 일을 적자. 비록 아직 가지고 있지 않은 것이라도 감사한다고 적어 보자. 그러면 우리에게 놀라운 변화가 일어날 것이다. "당신이 반복적으로 하는 일, 그것이 당신이다. 그러므로 탁월함은 행동이 아니라 습관이다."라는 아리스토텔레스의 말을 기억하며 실천에 옮기자.

행복 주문

매일 행복 주문을 외우자.

"난 행복해. 하면 안 되는 일이 없어. 하지 않으면 이루어질 수 없는 거야. 난 풍족해. 정말 고마운 세상이야.", "난 운이 좋아." 행복 주문의 힘을 믿어 보라. 그러면 우리가 모르는 어떤 우주의 힘이 우리가 모르는 사이 바라는 곳으로 천천히 이끌어 갈 것이다.

역지사지(易地思之)

역지사지의 태도를 가지자.

내가 하는 말과 행동이 입장을 바꿔 상대방에게는 어떤 영향을 미칠 수 있는지 항상 생각하는 습관을 가지자.

말이나 행동을 하기 전에 항상 3초 정도만 멈추고 나의 말과 행동에 반응할 상대방의 입장은 어떨지, 그 사람이 행여나 나의 말과 행동으로 인해 상처받지 않을지 고민하자.

인생은 마음먹기 나름이다.

어느 날 친구가 갑자기 내일부터 프랜차이즈 족발 장사를 한다고 이야기했다. 나는 음식 장사는 만약 잘돼도 고생길이라고 말렸다. 왜냐하면 장사가 잘되어도 분명 건강을 해칠 수 있기 때문이다. 무거운 것을 나르고 장사가 끝나고 마무리 청소를 하다 보면 엄청 힘든 것을 알기 때문에 그 친구를 말리고 싶었다. 하지만 그는 이미 인테리어까지 해서 개업 준비를 해 둔 상태였다.

너무 늦게 나에게 알린 그 친구에게 속상했지만 기왕 차리게 되었다면 생각을 바꿔 흔히 개업발이 있을 때 내가 투자한 돈보다 단 오백만 원이라도 더 번다는 마음으로 가게를 내놓으라고 했다. 어떻게 보면 장사는 그게 돈 버는 거라고 설득했지만 그 친구는 이미 마음속으로 서민 갑부가 되어 있었다.

이후 한 번씩 그 친구의 가게에 들렀는데, 그 친구는 회사를 마치고 가게에 와 장사 준비를 하고, 또 손님이 오면 직접 응대하면서 술도 함께 마시곤 했다. 그런 모습을 여러 번 보다 보니 돈도 돈이지만 그 친구의 건강이 걱정되었다.

그렇게 2년이 지나 그 친구는 결국 거의 한 푼도 건지지 못하고 가게 문을 닫게 되었다. 중간에 코로나까지 겹쳐 거의 목숨을 연명한다는 표현이 딱 맞게 문을 닫지도 못하고 그렇다고 열지도 못하는 상황이 계속되었다. 그때 나는 팔이 더 썩어 가기 전에 과감하게 팔을 잘라 내는 것도 한 방법이라고 조언을 했다. 결국 어떻게 어떻게 투자비는 1억 이상이 들어갔는데 시설비 모두 포함해 3백만 원 정도 받고 가게를 넘겼다고 한다.

그 뒤에 그 친구를 만나 이야기를 나누다 보면 그 친구는 한없이 바닥을 향해 가고 있는 것 같았다. 어떤 조언을 해도 자신에게는 왜 이렇게 계속 불행이 오는지 모르겠다고 신세 한탄을 했다. 나는 마음을 바꾸기를 권유했다. "어떻게 보면 인생에서 큰 것을 얻은 것일 수도 있다. 이런 경험이 없었다면 아마 나중에도 장사에 대한 꿈을 꾸고 또 더 나이가 들어 준비가 안 된 상태에서 쉽게 투자를 했을 것이고 지금보다 더 큰 돈을 잃어버렸을 수도 있고 게다가 정말 건강까지 잃어버렸을 수도 있었다."라고 조언했다. 하지만 그 친구는 그때까지도 크게 귀를 열지 않는 것 같았다.

옛말에 "사주는 손금만 못하고 손금은 관상만 못하고 관상은 심상, 즉 마음보다 못하다."라는 말이 있다. 세상을 살아가면서 수많은 순간에 어떻게 마음을 먹느냐에 따라 인생이 달라진다. 나도 십삼 년 피워 온 담배를 끊을 때 긴 시간 고민한 것도 아니고 한순간 마음먹기로 실행에 옮겼다.

지금 괴로운 상황도 내가 마음을 어떻게 먹느냐에 따라 더 깊은 괴로움이 올 수도 있고 새로운 희망의 시작일 수도 있다. 나는 다시 그 친구의 마음이 좀 더 편안해졌을 때 인생은 마음먹기 나름이라는 조언을 했다. "끝없는 바닥은 없다. 결국 다시 올라갈 것이다. 좋은 경험을 했고 더 큰 건강을 챙겼으니 앞으로 더 큰 일을 할 수 있는 기회가 될 거라고 생각해라."라고 이야기했다.

지금 그 친구는 직장에서 잘 적응하고 건강도 많이 챙겨, 치과 치료도 하고 행복하게 살고 있다. 비록 어느 정도의 빚은 생겼지만 직장 내에서 승진도 하고 빚보다 더욱 값진 행복과 건강을 챙기고 있다.

그렇다. 주변 환경과 운명을 탓하고 살기에는 우리 인생이 너무 짧다. 지금 가진 것에 감사하면서 하루하루 최선을 다해 살자는 마음으로 살자.

우리의 마음은 밭과 같다. 나의 손에는 기쁨, 희망, 행복이라는 씨앗도 있고 좌절, 두려움과 같은 씨앗도 있다. 어떤 씨앗을 내 마음의 밭에 뿌려 키울지는 나의 의지에 달려 있다. 따라서 오늘도 긍정의 씨앗을 내 마음의 밭에서 키우기 위해 노력해야 한다. 아무리 지금 힘들어도 내가 행복하다고 마음을 먹는 순간 주변이 행복한 것들로 가득 차 보이고 반대로 불행하다고 마음을 먹으면 나의 삶 전체가 온통 불행한 것들로 가득 차 보이게 되어 있으니 한 번 사는 인생, 사소한 행복을 많이 찾고 실행에 옮기며 마음먹은 대로 살았으면 한다.

너희는 주 너희 하느님을 사랑하고,
그분의 명령과 규정과 법규와 계명들을 늘 지켜야 한다.

- 신명기 11장 1절 -

가슴 뛰게 하는 일

얼마나 돈을 많이 버는지, 사회적으로 얼마나 인정을 받는지 그런 것보다는 자신의 가슴을 뛰게 하는 그런 일을 하자.

우리는 한 번 태어나 한 번 죽는 인생이다. 그리고 동물이 아니고 인간이기에 좀 더 의미 있게 살고자 하는 욕구가 누구에게나 있다. 그 의미 있는 일을 느끼게 되는 것이 가슴이 뛰는 일이다.

사실 태어나자마자 가슴은 계속 뛰었다. 하지만 그것을 느낄 정도의 일은 자신을 행복하게 만든다.

기대가 크면 실망이 크다

＋ 　어떤 것을 하든 기대하지 말자.

　인간관계에서조차도 상대방에게 과도한 기대를 하게 되면 실망이 클 수밖에 없다. 내가 상대방을 생각하는 애정은 이만큼이나 큰데, 만약 상대방이 나를 요 정도밖에 생각하지 않는다고 느낀다면 당연히 상처를 받게 된다. 하지만 처음부터 상대방에게 그런 기대라는 것을 하지 않으려 하면 내가 상처를 받을 일도 없게 된다.

　물론 쉽지는 않지만 최대한 그런 마음을 가지기 위해 노력해야 한다. 일이나 어떤 경험에서도 마찬가지다. 어떤 도전을 할 때 그 도전이 나에게 의미가 있을지 아닌지만 고려하지, 실패와 성공에 대해 너무 집착하여 고민하지 말자. 그러면 결코 도전이 두렵지 않을 것이다. 그냥 한 발을 떼다 보면 어느새 그 도전의 5부 능선에 있는 당신을 발견할 수 있을 것이다. 시작이 반이다.

눈치보지 않는 삶

자신이 하고 싶은 게 있다면 주변 눈치를 보지 말고 하자.

만약 자신의 주위에 10명의 사람이 있으면 그중 3명은 날 싫어할 것이고, 3명은 나를 좋아할 것이다. 그리고 나머지 4명은 아예 나에게 관심이 없을 것이다.

내가 아무리 나를 싫어하는 사람에게 맞추어 준다 하더라도, 그 3명은 어떻게든 나를 싫어할 이유를 찾을 것이다. 따라서 만약 내가 하고 싶은 게 있으면 절대 눈치 보지 말고 하자. 다른 사람들이 나에게 원하는 모습에 나 자신을 꿰맞추려고 하기보다는 진정 내가 좋아하는 것이 무엇인지 발견하고, 그것에 나의 시간을 집중하고 즐기자. 인생은 긴 것 같지만 짧다.

등산 같은 인생

인생은 산을 타는 것과 같다. 내리막이 있으면 반드시 오르막이 있음을 잊지 말자. 끝없는 내리막은 있을 수 없다. 그리고 오르막을 한참 가다 보면 내리막이 있을 수 있으니 조심하고 겸손하자.

어느 날 자신에게 시련이 닥친다면 그 시련은 곧 자신을 지금보다 더욱 나은 삶으로 이끄는 원동력이 될 테니 결코 시련 앞에 좌절하지 말자. 괴로움을 겪을 때는 아프고 힘들지만 터널을 통과할 때처럼 언젠가는 밝은 빛을 볼 수 있을 것이다. 괴로움은 나의 업적이 되고 역사가 되고 인생의 이력서가 될 것이다.

불행을 이겨 낸 사람의 미소는 그렇지 않은 사람보다 훨씬 더 아름답고 사람의 마음을 평화롭게 만드는 힘을 가지고 있다.

주님, 당신 자신을 생각하시어
황폐한 당신의 성소에 당신 얼굴의 빛을 비추십시오.

- 다니엘서 9장 17절 -

나만의 향수

나만의 향수 하나 정도는 준비를 하자.

누군가를 만났을 때 그 사람에게서 좋은 향기가 난다면 과연 그 사람을 싫어하는 사람이 있을까? 물론 너무 과하게 뿌려 사무실을 가득 메울 정도의 향기라면 그건 향기라기보다 오히려 냄새에 가깝다고 할 수 있다.

특히 인간은 후각이 가장 발달되어 있다. 따라서 비싼 명품에 구애받지 말고 적절한 가격의 향수라도 상대방에게 불쾌감을 주지 않을 정도로 자신에게 입힌다면 그 하루는 자신뿐만 아니라 상대방에게도 행복감을 주는 하루가 될 것이다.

닮은 사람

좋은 이성을 만나고 싶다면 먼저 내가 좋은 사람이 되어야 한다.

유유상종(類類相從)이라고 했다. 사람은 끼리끼리 만나게 되어 있다. 부부는 닮는다고 했지만 어떻게 보면 처음부터 닮은 사람끼리 만났다고 할 수 있다.

TV에서 한 번씩 성공한 사업가가 나와 "이건 모두 아내 덕분이다."라고 이야기하는 것을 듣곤 한다. 맞는 말이다. 하지만 그런 아내를 두기 위해서 자신이 좋은 사람이 되었기 때문에 아내도 그 사람과 함께할 수 있는 것이다.

지인의 행복

본인의 주변 사람들이 더 행복해지길 진심으로 바라자.

사이토 히토리의 《부자의 인간관계》에서 부모님 혹은 자식에게 돈을 줄 때 그 사람의 행복을 빌어 주라는 이야기가 있다. 그렇게 되면 주는 사람이 비는 행복의 파동이 돈에 깃든다는 이야기이다.

하물며 돈이 아닌 마음으로 진정한 행복을 빌어 준다면 분명 그 사람은 행복해질 것이며 그로 인해 당신에게도 행복이 느껴질 것이다.

존중

식당 종업원이나 운전기사, 청소부에게 함부로 대하지 말자.

자기가 잘 보이고 싶은 사람에게만 공손하고 상냥한 것은 누구든 할 수 있다. 그러나 주변의 사람까지 존중하는 품성을 가진 사람은 중요한 일을 함께할 수 있는 사람이다.

조유의 《반경》에 보면 "상대의 뜻을 존중하고 솔직한 마음으로 상대로부터 열렬히 배우려 하면 자신보다 백 배 강한 인재들이 찾을 것이오. 가르침을 구하기는 하되, 성실한 마음이 없으면 자기보다 열 배 강한 인재를 얻을 것이며, 다른 사람이 먼저 찾아와야만 비로소 영접하는 사람이라면 자기와 비슷한 사람을 얻을 수 있을 것이고, 남을 마음대로 부린다면 다만 노복(奴僕)을 얻을 수 있고, 방종하고 사나운 데다 함부로 부린다면 단지 노예(奴隸)를 얻을 수 있을 따름이다."라고 한다.

이 말은 함부로 사람을 부리려 하면 일 잘하는 사내종인 노복을 얻기보다는 다만 내가 시키는 일만 수동적으로 하는 노예를 얻는다

는 의미로, 내 주위에 훌륭한 사람이 모이게 하기 위해서는 주변을
존중하는 마음을 가져야 한다는 것이다.

단점보다 장점을 보는 삶

상대방의 단점이 아닌 장점을 보려고 하자.

운은 눈에 보이지 않지만 사람의 장점은 찾으려고 하면 숱하게 찾을 수 있다. 그 사람은 "인사를 잘해.", "그 사람은 세련되었어.", "그 사람은 성실해.", "그녀는 밝은 미소가 너무 예뻐."

타인의 장점을 보려고 하는 사람은 정직하고 겸손하게 타인을 대할 줄 안다. 그러면 운은 어떻게 알았는지 그 사람을 찾아간다.

비밀

비밀을 말하고 싶은 순간, 딱 3초만 심호흡을 하고 생각해 보자. 이 비밀을 굳이 말할 필요가 있는지.

가끔 상대방과 내가 가까워졌다는 이유로 이 사람과 많은 걸 공유하고 싶다는 충동이 들 때가 있다. 비밀을 지키지 못하고 쉽게 말해 버린 말들로 인해 당신에게 올 수 있는 많은 기회가 뺏기고 가로채질 수 있을 테니 말할까 말까 고민이 될 때는 참는 게 제일 낫다.

천성

✦ 　　사람을 바꾸려 하지 말자.

　사람은 쉽게 바뀌지 않는다. 오랫동안 그 사람이 고수해 온 가치관과 사상, 신념은 바꾸기가 쉽지 않다. 결국 자신이 스스로 깨닫고 변화하려고 하지 않는 이상, 주변에서 하는 조언이나 충고는 그 사람의 입장에서는 잔소리로밖에 들리지 않는 것이다. 그래서 옛말에 사람은 고쳐 쓰는 것이 아니라고 할 정도로 사람을 바꾸려고 하는 것은 굉장히 어렵고 어떻게 보면 자신의 에너지를 많이 소모시키는 일이다.

　그 사람과 오래도록 함께하고 싶다면 오히려 내가 먼저 변화하는 것이 빠를 수도 있다.

인생 자체가 고난이다.

나는 아내가 아이들을 낳는 것을 직접 보았다. 첫째, 둘째 둘 다 보았는데 아내의 고통스러운 모습은 정말 옆에서 보기 힘들 정도였다. 특히 첫째는 몸무게가 태어날 때 3.97kg이었는데 이렇게 큰 아이가 좁은 자궁을 통해 나오는데 아내는 너무 고통스러워 호흡이 가빠지는 것 같았다.

그런데 당시 의사가 힘을 주지 않으면 아이가 위험하다고 하니 모성의 본능으로 이를 악물고 마지막 젖 먹던 힘까지 짜내 힘을 주는데 그 순간 정말 옆에 있는 나조차 숨이 멎을 정도였다. 이렇게 옆에서 보기만 해도 힘든데 실제 아이를 낳는 여성들은 얼마나 힘들까?

진통의 원인은 자궁 근육의 움직임이라고 한다. 그런데 정작 사람들은 아이는 편안할 것이라 생각한다. 하지만 진통이 시작되어 자궁이 수축되면 아기는 목과 온몸이 조여 와 배꼽의 탯줄에서 산소가 끊어져 호흡할 수 없게 된다고 한다. 자궁의 수축은 약 1분, 그때마다 아기의 목은 계속 조여 오는 것이다. 게다가 진통의 간격이 점점 짧아진다. 이 진통을 이기지 못하는 아이는 죽게 된다. 자궁문이 2cm부터 시작해 10cm 정도 열려야 출산이 이루어지는데 그 좁은 입구를 통과하는 아이는 정말 엄마의 고통보다 10배 더 고통스럽다고 한다.

이처럼 인생은 태어나는 순간부터 힘들다. 그렇게 세상에 태어나 말은 못 하는데 배는 고프다. 그러니 아기는 운다. 야속하게 부모는 그것을 제때 잘 몰라준다. 그러면 아기는 더 운다. 그렇게 커서 초등학교에 들어가 이제 친구들과 경쟁하기 시작한다. 친구와 비교되니 자존심도 상하고 또 힘들다. 그러다 중학교, 고등학교에 들어가 이제는 대학에 가기 위해 수능 공부를 한다고 힘들다. 그 사이 사춘기가 오는데 본인들이 마음의 준비를 한 것이 아니고 자연스럽게 어른이 되어 가는 과정이기에 그런 현상을 잘 모르는 청소년은 아이와 어른 사이의 자아에서 또 힘든 인생을 겪는다. 그리고 대학에 들어가 다시 취업 공부를 한다고 힘들다. 취업하고 나면 다시 자신의 결혼 상대자를 만나기 위해 힘들고 결혼하고 나면 아이를 키운다고 힘이 든다. 어느새 직장에서도 높은 위치에 올라 좀 편안해지려나 싶으면 자신이 늙어 가는 것이 보이고 그 인생이 이렇게 늙어 간다는 자체에 또 힘들다. 그러다 아픈 데라도 나오면 또 아파서 힘이 든다. 주변 친구들, 지인들이 한 분씩 돌아가시는 소식을 듣고 직접 그것을 보기라도 하면 인생이 덧없고 힘이 든다. 특히 부모, 형제, 자매라도 떠나게 되면 그것처럼 괴로운 것은 없다. 그리고 마지막으로 결국 내가 죽음을 맞을 때가 되면 인생에 회한도 들고 죽는다는 자체가 괴롭다.

이렇게 인생이 힘든데 왜 우리는 인생을 살고 있을까? 그건 바로 그런 힘든 인생 속 중간중간 우리에게 다가오는 작고 큰 행복과 기쁨들이 있기 때문이다.

초등학교 때 크리스마스 아침, 머리맡에 놓인 선물을 본 순간, 이성 친구를 소개받기 위해 예쁘게 꾸미고 만나러 가는 그 순간, 성적이 잘 나와 부모님이 기뻐하실 때, 원하는 대학에 들어갈 때, 직장에 취직해 첫 월급을 받고 부모님께 선물을 드릴 때, 결혼할 때, 아기를 낳고 아기가 환하게 나를 보고 웃을 때, 가족들과 여행을 갔을 때, 아이들과 함께 야구를 할 때, 직장에서 승진할 때, 예기치 못했던 돈을 벌었을 때, 내가 투자한 것이 잘되었을 때, 집을 샀을 때, 부모님을 모시고 여행을 갔을 때, 남들 다 일하고 있는데 휴가를 내고 조조할인 영화를 볼 때, 좋은 커피숍에서 맛있는 커피 한 잔을 먹을 때, 운동하고 시원한 생맥주를 한 잔 먹을 때, 회사에서 상사에게 인정받을 때, 부모님께 칭찬을 들을 때, 자식이 좋은 대학에 들어갔을 때, 자식이 좋은 배우자를 만나 결혼할 때 등등 일상 속에서 이런 무수한 행복의 순간이 있기 때문에 우리는 살아갈 수 있는 것이다.

사실 이 외에도 소소한 행복은 무수히 많다. 우리의 인생 자체가 이렇게 고난 가운데 살도록 만들어졌다. 그러니 고난이 오면 받아들이자. 하지만 분명 기쁨과 행복이 인생 가운데 수없이 찾아올 것이다. 그 순간들 때문에 인생은 살아 볼 만한 가치가 있는 것이다.

마음이 깨끗한 이는 복되다. 그들은 하느님을 볼 것이다.

- 마태오복음 5장 8절 -

기념일

소중한 사람들의 기념일은 반드시 챙기자.

행복한 사람들을 오랜 시간 조사했더니 기념일을 잘 챙긴다는 연구 결과가 있다고 한다. 꼭 비싸고 큰 선물이 아니더라도 기념일을 잊지 말고 소소한 선물, 이를테면 편지도 좋고, 그 사람이 평소 필요로 했던 작은 선물이라도 준비하자.

5월 14일 로즈데이에는 장미꽃 한 송이라도 그녀를 위해 준비해 보자. 매일 똑같은 하루에서 둘만의 특별한 의미가 더해진다면 행복은 더욱 배가 될 것이기 때문이다.

과유불급(過猶不及)

　　　　　　　욕심을 내려놓으면 더욱 행복해진다.

　　과유불급이라고 한다. 욕심을 내려놓는다면 우리의 인생은 지금
보다 훨씬 더 행복하고 충만해질 것이다. 마음먹은 대로 되지 않거
나 일이 생각대로 풀리지 않을 때 마음을 비우고 겸손하게 하느님의
뜻에 맡기자.

좋은 칭찬

칭찬을 잘하자.

우선 칭찬을 하기 전에 상대방이 어떤 상황인지를 보자. 성적이 많이 떨어져 힘들어하는 친구에게 "괜찮아. 이 정도면 잘 쳤네."라고 하는 칭찬은 도움이 되지 않는다. 오히려 그때는 위로가 필요할 수도 있다.

상황을 보고 칭찬이 필요할 때는 특징을 잡아 칭찬을 하자. 어떤 사람이 구체적으로 잘한 점을 짚어 주자. 또한 상대방이 듣고 싶어 하는 칭찬을 하자. 과한 칭찬은 독이 될 수 있으니 칭찬을 하려면 제대로 된 한 번이면 족하다.

보물같은 하루

그저 늙어 갈 뿐인 하루하루를 살지 말자.

삶의 구석구석 사랑을 담아 의미를 발견하고 나만의 보물이 되는 하루하루를 살아가자.

매일의 사소한 만남도 평생에 단 한 번뿐인 것처럼 마음을 담아 전념하자.

청소, 빨래, 밥하기, 설거지 등등 단순하고 반복되는 일이라도 사랑으로 할 때 귀하고 의미 있는 일이 될 수 있다.

자원봉사

자원봉사를 하자.

참된 재산은 내 영혼을 풍요롭게 하고 영원의 세계와 이어지는 시간을 갖는 것이다.

생의 마지막에 남는 것은 우리가 모은 것이 아니라 우리가 나눈 것이다. 따라서 봉사는 일생 동안 조금씩 이뤄 가야 하는 것이기에 너무 크게 욕심내지 말고, 꼭 물질적인 베풂만이 아니더라도 다른 사람을 도울 수 있는 일이라면 작은 일이라도 차곡차곡 쌓아 가는 것이 중요하다.

현명한 이들은 창공의 광채처럼
많은 사람을 정의로 이끈 이들은 별처럼 영원무궁히 빛나리라.

- 다니엘서 12장 3절 -

혼자만의 시간

혼자만의 시간을 즐겨 보자.

사랑하는 부부가 나이가 들어 같은 날 동시에 죽는다면 그것만큼 행복한 죽음은 없을 것이다. 하지만 누가 되든 혼자 남게 될 수 있다.

자식도 이미 자신의 가정을 꾸리고 있기에 혼자 되었을 때의 연습을 해야 한다. 평소 책을 읽기도 하고 글을 쓰기도 한다든지, 영화를 보거나 산책을 하며 음악을 듣는 시간을 가지고 그 시간을 즐겨 보자. 혼자 있는 고통이 론리니스(Loneliness)라면 혼자 있는 즐거움은 솔리튜드(Solitude)다. 둘 다 고독이라고 번역이 되지만 그 의미는 다르다.

혼자 있는 즐거움은 갑자기 만들어지는 것이 아니다. 조금씩 연습을 해야지 비로소 혼자가 되었을 때 자신과 대화하는 고독의 시간을 맛볼 수 있으며, 독일의 시인 릴케의 말대로 신을 만날 수 있는 것이다.

솔직한 사람

솔직한 사람이 되자.

가진 것을 가졌다고, 없는 것을 없다고 솔직하게 말할 수 있는 겸손한 사람만이 자유롭고 여유롭게 살 수 있다.

하지만 솔직하다는 이유로 상대방의 마음에 상처를 주는 사람은 되지 말자. 솔직하다는 핑계로 남의 마음을 후벼 파면 결국 비난을 받게 되고 본인도 상처를 받게 되는 것이다.

소중한 하루

╋ 하루하루를 소중히 여기자. 앞으로 수십 년을 산다 해
도 두 번 다시 오지 않을 고마운 날이 오늘이니까.

기쁨은 우리 인생에서 완성된 상태로 존재하는 것이 아니다. 이
미 있는 소재를 발견해 바루고 달리 봄으로써 만들어 내는 것이다.
내일 당신이 어떻게 될지는 아무도 알 수 없다. 잘될 수도 잘못될 수
도 있고, 행복해질 수도 불행의 나락에 떨어질 수도 있다. 그래서 오
늘을 최선을 다해 열심히 행복하게 살자. 그러면 그저 주어진 하루
가 아닌 은혜로운 하루가 될 것이다. 지금 이 순간은 지나온 나의 오
늘의 집대성이다.

오늘을 어떻게 살아가느냐에 따라 내일의 내가 결정된다. 인생은
순간이라는 점을 연결한 하나의 선이다. 과거와 이어진 오늘은 미래
와 연결되어 있다. 두 번 다시 오지 않는 오늘, 내 삶의 빛나는 주인
공이 되자.

이해

타인에게 이해를 받고 싶다면 먼저 이해하는 사람이
되자.

위로의 말을 듣고 기뻤다면 다른 사람에게도 상냥한 말을 해 주자.
사랑을 받아 기뻤다면 다른 사람에게도 사랑을 나누어 주자.

실패 극복

실패하더라도 다시 일어나 더욱 강한 사람이 되자.

넘어져 보지 않으면 넘어졌을 때의 아픔도 다시 일어섰을 때의 기쁨도 알 수 없다. 넘어져 보지 않으면 넘어졌을 때의 눈높이로 세상을 볼 수도 없다.

인생에서 중요한 건 넘어지지 않는 것이 아니라 다시 일어나 더욱더 강한 사람이 되어 세상을 헤쳐 나가는 것이다.

인정받지 않아도 괜찮다.

우리는 인생을 살아오면서 누군가에게 계속 인정받으려 한다. 어릴 적에는 부모님에게 인정받고 싶어 하고, 학교에 다니면서는 친구들에게 인정받고 싶어 한다. 그리고 직장에 가면 상사에게 인정받고 싶어 하고, 자식을 낳으면 자식에게 인정받고 싶어 한다.

물론 인정받고 싶은 욕구를 가졌다는 것이 잘못되었다는 것을 이야기하고 싶은 것이 아니다. 무엇인가를 잘해서 누군가가 나에게 칭찬해 준다면 좋은 것이지만 너무 이러한 욕구에 사로잡혀 인정받지 못했을 때 힘들어하거나 괴로워하지 말고 편하게 살아도 괜찮다는 말을 하고 싶다.

왜냐하면 타인이 항상 옳은 것도 아니고, 역사조차도 승자의 기록이라고 하지 않는가? 타인도 진실을 외면하거나 잘못 알고 있을 때가 있다. 그래서 내가 잘못한 것이 아님에도 불구하고 타인이 재단한 틀에 의해 나라는 사람이 능력이 없고, 인성이 좋지 않은 사람으로 비칠 수 있기 때문이다. 인생은 내 뜻대로 흘러가지 않는다. 그렇기에 인정받지 않았다고 내가 우려하는 길로 가지도 않는다.

잘 생각해 보라. 나 자신조차도 남들을 비난할 때가 있다. 그 비난이 나한테는 맞는다고 생각하겠지만 타인은 전혀 그렇게 생각하지 않는다. 그러니 타인이 나를 인정하지 않아도 전혀 개의치 않는 마음을 만들려는 준비를 해야 한다.

세상은 내가 좋아하는 사람들과 살아가기에도 시간이 부족하다.

오히려 나를 좋아하는 존재에 감사하고, 그들에게 집중하면서 살자.

나는 매일 엄마에게 안부 전화를 한다. 올해 여든다섯, 전화를 하면 이 세상 누가 자신에게 이렇게 관심을 가지겠냐며 연신 고마워한다. 나도 여러 가지 시시콜콜한 이야기, 예를 들면 지금 무엇을 하고 있는지, 반찬은 무엇인지, 요즘 재미있게 보는 TV 프로그램은 무엇인지, 아버지와 어떻게 만났는지 등 한참 엄마의 이야기에 집중하다 보면 나의 자존감이 부쩍 향상된다. 왜냐하면 나를 사랑하는 사람이 별것 아닌 5분간의 나의 전화에 감사하기 때문이다. 그렇게 자신감을 얻고 엄마와 "오늘도 파이팅!!!"을 외치며 하루를 시작하면 설령 상사에게 좋지 않은 말을 들은 날도 엄마를 떠올리며 툴툴 털어 버릴 수 있는 용기를 얻게 된다.

물론 우리는 성인군자가 아니기 때문에 누군가의 비난에서 완전히 초탈할 수는 없다. 하지만 인정을 꼭 받지 않아도 된다는 마음으로 살아간다면 그러한 상황이 왔을 때 우리가 감내해야 할 상처나 스트레스가 적어진다.

인생을 살아감에 있어 모든 일에는 명암이 있게 마련이다. 빛이 있으면 어둠이 있게 마련이고 그림을 그림에 있어서도 명암이 중요하다.

사람들은 특히 젊었을 때 인간은 죽는다는 것을 인지하면서도 자신은 평생 사는 것처럼 착각한다. 그러다 보면 자신의 몸을 함부로 사용하고 그것이 축적되어 병이 온다. 병이 오게 되면 무조건 나쁜 것인가? 아니다. 다르게 생각하면, 아프게 되면 오히려 건강이 더 소중한 것을 알게 되고 챙기게 된다. 지금 당장 시험에 떨어졌다고, 또는 이성에게 차였다고 슬퍼하지 말자. 그러한 좌절과 고통 속에서 사람은 더욱 단단해지고, 그것을 통해 더욱 멋진 미래와 훌륭한 배우자를 얻는 시작일 수도 있기 때문이다.

어떤 일이든지 명암이 있음을 잊지 말자. 휴대폰이 생겨 편리함은 더욱 커졌지만 반대로 목 디스크가 증가하고 노안이 빨리 오며, 사람의 불안한 마음을 가중시켰을 수도 있다. 또한 BTS처럼 유명한 연예인이라고 모든 것이 행복한 것은 아니다. 우리보다 더 불편하고 불행한 부분이 있을 것이다. 그것이 유명한 연예인이기 때문에 더더욱 그럴 수 있다.

따라서 현재 맞닥뜨리는 모든 일에 일희일비하지 말고 나쁜 일이 생기면 그로 인해 발생하는 다른 좋은 것들을 찾고, 좋은 일이 생기면 발생할 수 있는 나쁜 일들에 대비할 수 있는 삶의 태도를 가지자.

주님은 영이십니다.
그리고 주님의 영이 계신 곳에는 자유가 있습니다.

- 코린토2서 3장 17절 -

용기

✦ 어떤 일이 나 자신과 세상에 부끄럽지 않은 일이라면 과감히 용기를 내어 시도해 보자.

우리는 살아가면서 간혹 어떤 일을 시도하려고 할 때 주저하게 된다. 용기도 나지 않으며, 미래를 예측하지 못하기 때문에 그렇게 될 수 있다. 하지만 그 일이 나 자신의 양심과 세상에 부끄러운 일인지 생각해 보고 그게 아니라고 생각하면 용기를 내 과감히 도전해 보자.

한 발을 떼기는 어렵지만 막상 떼고 나면 어느새 목표점에 도달해 있는 자신을 발견할 수 있을 것이다. 때론 피곤한 몸으로 귀가한 당신에게 잘 다녀왔냐는 따뜻한 인사 한마디 없는 상대방을 바라보며 "오늘 별일 없었어?"라고 먼저 용기 있게 말해 보자.

그런 작은 용기가 쌓여서 어느덧 당신 주변에 사랑과 평화가 넘쳐 날 것이다.

생명과 같은 시간

시간을 사용하는 것은 생명을 사용하는 일이라는 마음을 가지자.

바쁘게 살다 보면 시간을 단순한 '시각'으로만 보기 쉽다. 하지만 시간은 생명을 사용하는 일임을 잊지 말자. 시간 그 자체는 누구에게나 공평하다. 시간을 소중하게 만드는 것도 하찮게 만드는 것도 결국 나에게 달려 있다.

아침 상상

아침에 눈을 뜨면 이불 속에서, 1분 동안 오늘 할 일 중 행복한 일을 상상해 보자.

어떤 연구 결과에 따르면 우리가 정말 보고 싶은 영화를 관람하는 상상만 해도 엔도르핀 수치가 27%나 높아진다고 한다.

아침에 눈을 뜨면 좀 더 자야 할지, 아니면 일어나야 할지 망설여지게 된다. 그러다 보면 다시 잠을 청하기 일쑤이다. 그리고 다시 일어나 후회하는 시간을 반복하곤 한다. 그럴 때는 이불 속에서 오늘 멋진 옷을 입고, 출근하면서 커피를 테이크아웃해서 한 잔 마시는 나를 상상이라도 해 보라. 아니면 오늘 분명 나에게 운이 좋은 일이 있을 것이라 믿고 그 운이 도대체 무엇일까 상상해 보자. 하루가 놀랍게도 설레는 것을 느낄 수 있을 것이다.

나의 산(山)

나 자신만의 산을 정복하자.

모든 사람은 각자의 목표가 다르다. 다른 사람이 오르고자 하는 산을 바라보지 말자. 나의 산을 오르자. 산의 높이는 각자 다르다. 하지만 각자에게 주어진 산을 오른다는 것, 그것이 바로 자기실현이다.

다른 사람이 사는 방식에 끌려가지 말자. 남은 남이고 나는 나다. 스스로 정한 생활 방식을 흔들림 없이 지키며 살자.

마지막 인사

삶의 마지막이 왔을 때 진심을 다해 곁에 있는 사람에게 고맙다, 사랑한다는 마지막 인사를 건네는 준비를 하자.

죽음은 멀면서도 가까운 것이다. 언제나 죽음을 생각하며 마지막 인사를 준비하고 산다면 좀 더 아름답고 멋진 삶이 될 것이다.

여러분에게 닥친 시련은 인간으로서
이겨 내지 못할 시련이 아닙니다.
하느님은 성실하십니다.
그분께서는 여러분에게 능력 이상으로
시련을 겪게 하지 않으십니다.
그리고 시련과 함께 그것을
벗어날 길도 마련해 주십니다.

- 코린토1서 10장 13절 -

아이의 자립

아이의 자립을 원하면서도 한편으로는 부모에게 의지하기를 바라는 마음의 갈등을 극복하자. 미련 없이 아이를 독립시키자. 그래야만 스스로 할 수 있는 힘을 기를 수 있다. 자녀 교육은 곧 부모 교육이다.

아이를 언제까지 품 안에 둘 수는 없다. 적당한 때에 홀로 설 수 있도록 도와주어야 한다. 하나의 인격체로 인정하고 부모에게 서서히 멀어져 가는 거리를 받아들이는 것. 그것이 진정한 부모의 사랑이다.

타인을 향한 기도

지금 내가 건강하게 살고 있는 건 어딘가에서 누군가 나를 위해 기도하고 내가 무사하기를 바라는 누군가의 간절함이 있음을 잊지 말자.

나의 어머니는 어렸을 적 늘 부엌 한 귀퉁이에 종지 그릇을 놓고 물을 부은 뒤 그녀의 절대자를 위해 두 손 모아 빌었다. 나에게는 숱한 죽을 고비가 있었다. 7살 때 돌을 맞아 다음 날을 넘기기 힘들 것 같다는 의사의 말을 듣고 밤새 걱정했다는 어머니의 이야기, 비행기를 타고 가다 하늘에서 날개에 번개를 맞고 밑으로 갑자기 떨어지는 상황에서 떠오르는 아내와 아이들의 모습에 하염없이 살려 달라는 기도를 했던 때, 그 외에도 수많은 죽음과 마주하는 상황이 있었다. 하지만 그 많은 고비를 넘길 수 있었던 건 나를 위해 기도한 어머니, 아내, 아이들의 간절한 바람이 있었던 것이다.

타인을 위해 기도하자.
남을 위해서 하는 기도는 특히 하느님의 마음에 들게 하며, 결국 그 결과는 자신에게 돌아온다. 혼자서만 잘되려는 욕심에 아등바등

해 봤자 결코 잘될 수 없다. 남을 위해 기도하면 결국에는 당신도 잘
될 것이다.

겸손

마음먹은 대로 되지 않거나 일이 생각대로 풀리지 않을 때 마음을 비우고 겸손하게 하느님의 뜻에 맡기자.

그때 비로소 자기 분수를 알게 되고 남의 약점에도 관용을 베풀 수 있게 된다.

지극히 높으신 주님의 이름에 찬미노래 바치리라.

- 시편 7장 18절 -

인생은 내 뜻대로 다 되지 않으며, 내 뜻대로 된다고 다 잘되는 것도 아니다.

인생을 살아가다 보면 자신의 뜻대로 안 될 때가 많다. 사실 자신의 뜻대로 다 된다고 그 결과가 무조건 좋은 것도 아니다. 만약 모든 사람이 자신의 뜻대로 된다면 이 세상은 정상적으로 돌아가지 않을 것이다.

대학에 다닐 때 나는 시험을 앞두고 늘 며칠 벼락공부를 해서 장학금을 받곤 했다. 그런데 한 친구는 늘 소처럼 도서관에서 꾸준하게 공부했다. 외모적으로 보면 살짝 시골에서 갓 올라온 친구처럼 보이고 키도 그렇게 크지 않은 편이었다. 친구들 사이에서도 그렇게 눈에 띄지 않는 친구였다. 대학 4학년 때 나는 신림동에서 3개월 정도 집중적으로 사법고시 공부를 했지만 아쉽게도 시험에 떨어져 부산에 다시 내려오게 되었고 그 친구는 28살 정도에 사법고시에 합격해 검사가 되었다. 그리고 이듬해에 결혼을 한다는 소식을 나에게 알려 왔다. 당시 나는 사법고시를 포기하고 삼성전자에 취직을 해서 다니고 있었다. 그 친구의 결혼식에 가게 되었는데 결혼식장도 내 기억에는 당시 부산에서 제법 큰 예식장이었고 장인이 되시는 분도 대전에 사시는데 사업을 크게 한다는 이야기를 들었다. 그리고 신부의 언니도 KAIST에 다니고 신부도 서울에 있는 미대를 나왔다는 소리를 들었다. 결혼식이 시작되고 신부 입장이 있었는데 신부는 얼굴도 예쁘고 키도 컸다. 나는 처음으로 사법고시에 합격해 검사가 된 그 친구가 부럽다는 생각이 들었다. '신분 상승이라는 것이 이런 것이구나.' 하는 생각까지 들었다.

그리고 시간이 흘러 서로 먹고살기 바빠 그 친구를 만나지는 못했지만 간혹 다른 친구를 통해 그 친구의 소식을 듣게 되었다. 검사라는 직업 때문에 전국을 돌게 되었고, 그로 인해 서울에 있는 아이들과 함께 있지 못하니 아이들과의 관계도 서먹해졌고 아내와도 조금씩 불화가 있어 많이 힘들어한다는 이야기를 들었다. 그래도 나의 생각에는 '검사이기에 가진 것이 많아 크게 걱정이 없겠지.' 하고 대수롭지 않게 치부했다. 그런데 최근 그 친구의 어머니가 돌아가셨다는 부고장을 받아 부산에 있는 장례식장에 가게 되었다. 오랜만에 친구들을 만나 이런저런 회포도 풀고 아픔을 함께 나누었는데 그 친구의 아내가 보이지 않는 것이었다. 나는 다른 친구에게 왜 아내가 보이지 않는지 물어보았다. 친구의 대답은 아내는 서울에서 아예 내려오지 않는다고 했다. 이혼은 하지 않고, 그 친구의 삶과 아내와 아이들의 삶은 완전 별개로 움직인다는 것이었다. 그로 인해 그 친구는 우울증까지 걸렸었다는 이야기를 들었다.

그런 모습에 마음이 아팠지만 나는 내 삶을 반추해 보게 되었다. 처음 대학에 입학할 때 원대한 목표였던 검사가 내 뜻대로 이루어지지는 못했지만 솔직히 지금의 삶은 그 어느 누구보다 행복하다고 느낀다. 아이들을 키우면서 늘 아이들과 원 없이 함께했기에 공유할 수 있는 추억도 많고, 지금도 아이들이 가끔 사랑한다는 표현을 나에게 해 주는 것을 보면 감사하기 그지없다. 또한 아내도 나를 존경한다는 말을 다른 사람에게 하고 내가 없이는 못 산다는 말을 듣게 되면 나는 지켜야 할 보물을 가진 정말 행복한 사람임을 느끼게 된다.

인생을 살다 보면 이처럼 내 뜻대로 되지 않는 일들이 많다. 그럴 때마다 낙담을 하고 스스로를 원망하고 남을 비난하기보다는 하느님께서 다른 뜻이 있으실 거라 믿고 살아가다 보면 시간이 흘러 언젠가 과거를 비추어볼 때 '그때 그랬던 것이 그래서 그랬구나.' 하는 것을 깨닫게 될 것이다.

신념

어려운 문제가 발생했을 때는 당황하지 말고 지금 가장 먼저 해야 할 일이 무엇인지 생각하자. 최선의 방법을 쓸 수 없다면 차선이라도 선택하자. 그것도 안 된다면 그다음에 어떻게 해야 할지를 판단하자.

다만 신념을 가지고 사는 것만큼 소중한 건 없다. 하지 말아야 할 일은 어떤 경우에도 하지 않고 해야 할 일은 어떤 일이 있어도 기필코 해낸다는 신념을 가지고 부딪히다 보면 어려운 일은 분명 해결될 것이다.

혼신의 마음

 ✦   매일매일 만나는 사람이지만 평생에 단 한 번뿐인 것
처럼 마음을 담아 전념하자.

    우리는 갑자기 직장 동료 또는 지인이 죽었다는 소식을 접할 때
가 있다. 간혹 한 번씩 만나면 좋은 인상을 가지고 있는 사람이었는
데 어느 날 유명을 달리했다는 소식은 인생을 허무하게 만든다. 그
것은 자신도 예외가 아닐 수 있다. 따라서 그날 매일매일 만나는 사
람을 마지막인 것처럼 혼신의 마음을 담아 정성껏 대하자. 물론 모
든 사람을 그렇게 대하는 것은 사람이기에 쉽지는 않을 수 있다. 그
러면 나와 친한 사람에게라도 그런 마음을 담아 전념해 보자.

옳으신 말씀입니다.
우리는 반드시 말씀하신대로 하겠습니다.

- 에즈라기 10장 12절 -

상상

불평에 중독되지 말자. 모든 행동은 믿음에 의해 조절된다.

보통 사람들은 부정적인 생각을 많이 하게 되고 그것이 늘어나면 늘어날수록 습관이 되어 버리고, 바로 자기 자신이 된다. 대중 앞에서 말한다는 것이 두렵다고 매번 상상하면 실제로 두려움이 커져 실제 대중 앞에 섰을 때도 긴장하여 실수를 하는 경우가 많다. 마음은 상상과 현실을 구분하지 못한다.

뇌에 브레인 칩을 부착하고 실험한 결과, 개가 실제 달려들 때 반응하는 뇌의 신호 위치와 그냥 개가 달려든다고 상상할 때 반응하는 뇌의 신호 위치는 완벽하게 일치한다고 한다. 사람이 소유하고 있는 가장 강한 무기는 바로 상상력이며 상상력을 활성화하는 것은 우리의 생각이다. 따라서 두려움이나 부정적인 것을 리허설하지 말자.

좋은 만남

긍정적인 사람들과의 모임을 늘리자.

우리는 자신과 함께 시간을 보내는 사람들과 닮아 가고 있다는 것을 알고 있어야 한다. 우리의 뇌는 거울 신경을 가지고 있다. 그렇기에 우리는 언제나 다른 사람을 모방하여 함께 시간을 보내는 사람들과 습관, 행동, 생각의 패턴을 포함해 모든 것을 닮아 간다. 부부가 닮아 가고 자식이 부모를 닮는다는 것이 이 때문이다. 우리 자신은 자신과 가장 많은 시간을 보내고 있는 주변 사람들 5명의 평균이라고 생각하면 된다.

만약 내 주변에 7명의 가난한 사람들이 둘러싸여 있다면, 당신은 아마도 8번째 가난한 사람일 것이다. 지금 당장 불평불만만 늘어놓으며 끝없이 세상을 한탄하는 부정적인 친구는 멀리하고, 풍족한 내 인생을 위해 긍정적인 친구를 많이 늘려라. 파리 혼자 천 리를 가기는 어려워도, 천리마에 붙어서는 가능하지 않은가.

스트레스 관리

✦ 　스트레스 관리를 잘 하자.

　살다 보면 우리는 많은 스트레스를 받을 수 있다. 직장 상사로부터 받는 스트레스, 미세 먼지로부터 받는 스트레스, 코로나바이러스로 받는 스트레스, 여드름으로 받는 스트레스…. 이 외에도 수많은 스트레스를 받고 있다. 그렇기 때문에 스트레스를 잘못 관리하면 스스로 스트레스에 질식당할 수도 있는 것이다. 따라서 내가 받고 있는 스트레스 중 나의 힘으로 할 수 없는 것들은 시간에 맡기고 받아들이는 편이 좋다.

　내가 바꿀 수 있는 스트레스부터 빨리 바꿔라. 얼굴 여드름으로 고민이면 빨리 여드름에 좋은 천연 비누를 사서 세안을 해 보라. 아니면 병원에 가라. 그리고 다른 시도를 해 보라. 그러한 노력 없이 스트레스를 받아 봤자 결국 그 스트레스로 인해 피부만 더 나빠질 뿐이다.

　사람들은 스트레스를 눈으로 확인할 수 없어 잘 인식을 못 하는 것이 사실이다. 휴가를 가거나 운동을 하기 전까지는 스트레스가 심한지 알아채지 못한다. 직장인들 중에는 특히 만성피로가 있는 사람들이 있는데, 대부분의 원인이 업무와 인간관계로부터 받는 스트레스에서 비롯됨에도 피로의 원인이 무엇인지 모르고 그냥 지나치는 사람이 대부분이다. 따라서 휴식, 명상, 마사지, 운동, 영화 감상 등 우리가 스트레스를 날려 버릴 수 있는 방법을 찾아서 해야 한다.

내 힘으로 어쩔 수 없는 상황에서는 걱정만 하지 말고 모든 것이 이 또한 지나가리라는 마음을 가지고 간절히 기도를 하자. 모든 것은 순리대로 돌아갈 것이다. 그리고 시간이 지나면 '그래서 그때 그랬구나.' 하는 생각을 하게 될 것이다.

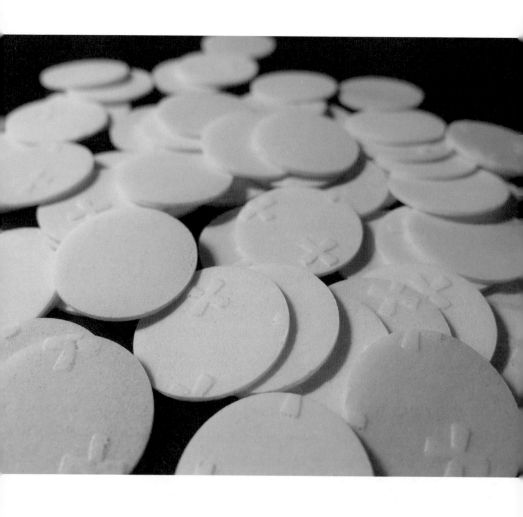

예수님께서 빵을 들고 찬미를 드리신 다음,
그것을 떼어 제자들에게 주시며 말씀하셨다.
"받아 먹어라. 이는 내 몸이다."

- 마태오 복음 26장 26절 -

작은 행복

작은 것에 행복을 느끼는 사람이 되자.

우리나라 사람은 큰 것에 행복함을 더 느낀다고 한다. 그래서 주급으로 급여를 받는 것보다 월급을 받는 것을 더 좋아한다고 한다.

심리학에서는 작은 행복을 자주 느끼는 사람이 강하다고 한다. 우리가 자기 능력의 120%를 목표로 세우고 가다 보면 Burn-out이 될 수 있다. 하지만 자기 능력의 80% 정도를 목표로 하고 하나씩 하나씩 달성하다 보면 자존감과 행복감이 높아지고 그렇게 가다 보면 어느새 자신의 산 정상에 있는 나를 발견할 수 있을 것이다.

작은 것에서도 행복감을 느끼는 각자의 루틴을 만들어 보자. 아리스토텔레스는 행복을 인간의 목적이라고 했다. 하지만 행복은 인간 삶의 수단이라고 생각한다. 따라서 삶이 지속되기 위해서는 작은 것에서도 행복감을 느끼는 각자만의 루틴을 만들어야 한다. 나는 아침에 사무실에서 마시는 커피 한 잔을 황제가 마시는 커피라 생각하고 음미하며 특별한 느낌으로 마신다. 그 한 잔의 커피는 새롭게 시작하는 아침에 활력을 불러일으키며 나를 건강하게 만든다는 느낌이 든다. 그리고 자기가 꼭 하고 싶은 Wish list를 시간이 날 때마다 만들어 그것을 달성했을 때의 성취감을 자주 맛보자. 비록 남이 볼 때 작은 일일지는 모르겠지만 우리는 그런 성취감 속에서 삶을 지속할 수 있는 의미를 찾을 수 있을 것이다.

행복은 결코 삶의 목표가 아니라 삶을 잘 살아가기 위한 수단이다. 따라서 아주 큰 행복을 일 년에 한 번 누리기 위해 많은 작은 행복을 외면하기보다는 일상에서 누릴 수 있는 작은 행복을 여러 번 느끼는 삶이 건강한 삶이라 생각하자.

일상에서 상처를 받은 일이 있다면 각자의 방식으로 건강하게 치유할 수 있는 방법을 만들어 보기 바란다. 예를 들면 매달 Self-satisfied day를 정해 그날은 자신에게 소소한 보상을 해 주자. 직장을 다니며 학업을 하다 저녁 10시에 수업을 마치면 피로감이 한꺼번에 몰려오는 날이 있다. 돌아가는 길에 치킨집에서 생맥주 한 잔에 프라이드치킨 반 마리로 지친 자신을 위로하며 내일의 삶을 반갑게 맞을 수 있는 여유를 만들어 주는 것도 좋은 방법이다.

인간은 동물이다.

네이버 지식 창에 검색하면 인간은 동물이라고 정의되어 있는 것을 볼 수 있다. 인간은 분류학적으로 동물계(Animalia)에 속하는 포유류의 일종으로, 과학적 명칭은 Homo sapiens(호모 사피엔스)이다. 인간은 척추동물 중에서 포유류에 속하며, 인간과 가장 가까운 동물로는 침팬지와 보노보 등이 있다고 한다. 이처럼 인간은 동물이기에 기본적으로 동물의 본능을 가지고 있으며, 먹고 자고 배설한다.

따라서 우리는 살면서 가장 인간의 밑바닥에 깔려 있는 동물의 본능을 이해할 필요가 있다. 물론 이러한 본능이 교육과 인간의 지능이 만든 제도를 통해 통제되어 이성이 본능을 제어하여 동물을 넘어선 인간이라는 종으로 발달되었지만 극도의 상황이 오면 결국 동물처럼 본능적으로 행동하게 된다.

맛있는 음식을 생각하거나 보면 입에 침이 고이듯 동물과 같은 무조건적인 반응이 인간에게도 있다. 따라서 세상을 바라볼 때 이러한 인간의 동물적인 부분에 대한 이해가 필요하다.

우리가 살고 있는 세상을 보아도 잘 알 수 있다. 인권이 중요하고 약한 사람을 보호해야 한다고 이야기하지만 결국 동물 세계와 같이 세상은 약육강식으로 움직인다. 강대국들, 또 강대국 속의 권력자들은 그들의 이익을 위해 전쟁을 일으키고 그들의 이익을 위해 약소국을 지배하기도 한다. 지금도 어떻게 보면 일부의 권력자에 의해 지구의 질서가 재편되고 있을 수도 있다.

남녀가 서로 사랑을 하기 위해서도 이러한 인간의 동물적인 DNA를 잘 이해할 필요가 있다. 심리학자들 사이에 도는 유머가 있다고 한다. "여성이 매력적이라고 여기는 남성의 얼굴은 여성의 월경 주기가 어느 지점에 있는지에 달려 있다. 예를 들어 만약 여성이 배란 중이라면, 거칠고 남성적인 얼굴을 지닌 남성에 끌릴 것이고 막 월경을 할 시점이면 관자놀이에 가위를 쑤셔 박은 채 장작불에서 태워지는 남성에 끌리기 쉽다."라는 이야기가 있다. 관자놀이에 가위를 쑤셔 박은 채 장작불에서 태워지는 남성은 여성들의 입장에서는 끝까지 헌신하는 '좋은 자질', 즉 마음씨 좋은 남자를 의미한다고 할 수 있다.

이에 대해 한 연구가 잘 설명해 준다. 먼저 배란 바로 직전에 상승하는 기초 체온을 측정하여 배란 시기를 결정했다. 24개월 동안 여성 참여자들은 성욕을 느낄 때마다 일일 차트에 'X' 표시를 했다고 한다. 이 X 표시들을 28일 월경 주기에 대한 그래프로 작성했는데 여성의 성적 욕망은 배란이 가까워짐에 따라 꾸준히 증가해서 배란 바로 전에 가파른 정점에 다다랐으며 이는 월경 주기의 14일째 되는 날에 해당한다고 한다. 성욕은 이후 여성의 월경이 시작되는 시기에 접근하면서 꾸준히 하강 곡선을 그린다고 보고하고 있다.

배란기의 여성들이 그럼 왜 남성적인 얼굴을 선호하는가 하면 그것은 남성성은 그 사람의 면역 능력을 신빙성 있게 알려 주는 신체적 표지이며, 얼굴형이 성숙한 어른에 가까워지는 시기인 사춘기의 발달 과정에서 아주 건강한 남성만이 다량의 테스토스테론을 만들어 내는 여유를 부릴 수 있으므로 배란 시기에는 아주 우수한 유전적 특질을 본능적으로 찾아내기 때문에 남성적인 얼굴을 선호한다.

그러나 월경 주기 중 가장 번식력이 낮은 시기의 여성들은 덜 남성적인 얼굴을 협동심, 정직성, 좋은 부모로서의 자질을 나타내는 신호로 생각한다. 정규적인 배우자감을 고를 때에는 여성들은 이러한 '좋은 남자' 자질을 지닌 남성에 끌린다고 한다. 결국 인간은 동물과 같이 개체의 생존과 유전적 번식을 위하여 설계되었다. 따라서 남성이 이러한 동물적인 DNA를 알게 된다면 여성의 배란기에는 좀 더 남성적인 모습으로 여성에게 다가가고 배란기가 아닌 경우는 부드러운 행동으로 여성에게 끊임없이 헌신할 수 있는 모습으로 다가가면 자신의 사랑을 이룰 수도 있다.

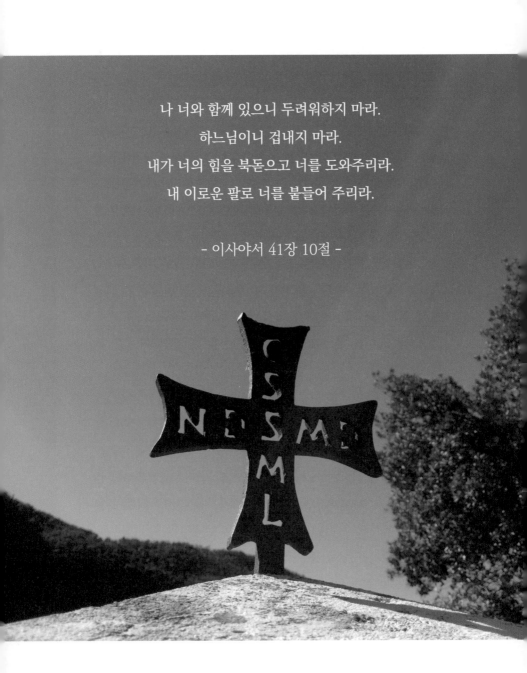

나 너와 함께 있으니 두려워하지 마라.
하느님이니 겁내지 마라.
내가 너의 힘을 북돋으고 너를 도와주리라.
내 이로운 팔로 너를 붙들어 주리라.

- 이사야서 41장 10절 -

잘 쉬는 법

각자의 방법으로 잘 쉬는 방법을 터득해야 한다.

여름철이 되면 동해안이나 남해안 바닷가로 많은 사람이 모이고 겨울에는 스키장으로 몰린다. 산속과 바닷가에는 펜션이 들어차고 예약이 밀려 잡기도 힘든 것이 현실이다. 이처럼 우리는 남들이 하는 것을 따라 하려는 행동이 있다. 하지만 자신을 제일 즐겁고 편하게 하는 방법을 찾아내는 것이 진정한 나만의 휴식이다. 차를 타고 드라이브를 하며 좋아하는 노래를 부른다든지, 아침에 조조할인 영화를 혼자 보며 영화 속에 빠져 본다든지…. 잘 쉬는 법을 아는 사람이 인생을 잘 사는 법이다.

취미

틈틈이 즐길 취미를 개발해 두자.

정년퇴직 후 무엇을 할지 몰라 시간을 헛되이 보내는 사람이 많다. 특히 남성들은 매일 직장을 나가다가 집에만 있으면 아내와 아이들과도 갈등을 일으키기도 한다. 그러다 '내가 누구를 위해 살았는데.' 하는 원망을 하며 지금까지의 삶이 헛되다는 생각마저 한다.

평생 가족을 위해 열심히 살아온 사람에게 가족들도 아낌없이 박수를 보내야 한다. 하지만 자신도 하나쯤의 취미를 개발해 퇴직 후에도 심적인 타격을 입지 않도록 자신을 돌보아야 한다.

황금기

지금이 자신의 인생에서 가장 행복한 시기라고 생각하자.

초등학교 시절은 그때가 황금기였고, 50이 되면 그때가 또한 황금기다. 예순이 되면 여든이 된 어른이 보았을 때 그때가 황금기인 것이다. 매 순간 맞이하는 자신의 황금기를 누구보다 행복하게 보내자.

우리에게 갑자기 닥칠 미래를 아무도 알 수 없다. 지금 내 주변에 있는 것들이 마지막일 수도 있다. 그렇게 생각하고 나의 주변을 바라보려 하자.

그렇게 바라보면 모든 것이 다르게 느껴질 것이다. 그동안 무심코 나누었던 가족이나 직장 동료들과의 인사나 대화도 완전히 새롭게 느껴질 것이다.

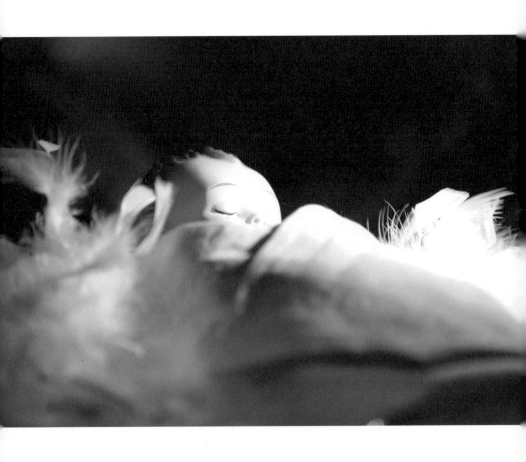

그러자 천사가 그들에게 말하였다.
"두려워하지 마라.
보라, 나는 온 백성에게 큰 기쁨이 될 소식을 너희에게 전한다.
오늘 너희를 위하여 다윗 고을에서 구원자가 태어나셨으니,
주 그리스도이시다.

- 루카복음 2장 10~11절 -

나를 지지하는 사람

관계로 힘들 때는 당신을 지지해 주는 사람을 떠올려 보라.

그들과 행복한 순간이 많았겠지만 반드시 좋은 추억만 있는 것은 아니었을 것이다. 그래도 그들은 당신의 편이라는 것을 당신은 느낄 수 있을 것이다. 그런 생각을 하게 되면 최근 자신을 힘들게 하는 주위의 관계에 좀 더 심플해질 수 있다.

좋지 않은 관계가 만들어지면 너무 자신을 탓하지 마라. 누군가와 친밀한 관계를 맺는다는 것은 그만큼 서로가 상처를 주고받는 관계가 되는 것이기 때문에 당신을 지지하게 될 사람은 시간이 지나면 결국 그 상황을 넘어 당신 옆에 있을 것이다. 관계 속에서 힘든 상황이 있으면 당신을 지지해 주는 사람을 떠올려라. 그 사람이 한 사람이어도 좋다.

선택의 순간

自신을 믿어라.

이 세상을 살다 보면 우리는 수많은 선택을 하게 되어 있다. 그 선택들마다 하나하나 살펴보고 심사숙고하여 100% 완벽한 결정을 내릴 수는 없다. 특히 열 살, 스무 살, 서른 살에 하는 선택이 과연 최선이었는지 아닌지를 알아채기란 거의 불가능하다. 결국 나중에야 우리는 그 선택이 자신을 어느 방향으로 이끌어 왔는지를 알 수 있다.

선택의 순간 최대한 지혜롭게 판단하기 위해 노력한 자신을 믿고 선택하라. 너무 많은 고민 속에서 도전도 해 보지 못하고 주저앉는 것보다는 자신을 믿고 당당하게 부딪쳐 보라. 그러면 설령 잘못된 선택을 했더라도 그 선택을 좋은 곳으로 끌고 가는 나를 발견할 것이다.

인생을 사는 태도

인생 별거 없다. 재미있게 살려고 하자.

1942년 아우슈비츠 수용소에서 어떤 사람은 배고픔에 죽어 가고, 어떤 사람은 병으로 죽어 가고, 또 어떤 사람은 가스실로 끌려가 다시는 돌아오지 못하는 상황에서도 그 상황을 어떻게 받아들이고 그 자신의 태도를 어떻게 취할 수 있는 자유를 가지고 있다는 것을 깨닫고 실천한다면 인간은 어떤 상황도 견딜 수 있다.

어렸을 적 아이들과 세계 명작 영화를 본 적이 있다. 그때 로베르트 베니니 주연의 〈인생은 아름다워〉라는 영화에서 귀도가 도라에게 한 대사는 아직도 잊히지 않는다. 수용소에서 언제 죽을지 모르는 상황에서 비어 있는 방송실에 몰래 들어가 "안녕하세요, 공주님. 어제 밤새도록 그대 꿈을 꾸었다오."라며 방송을 하며 도라에게 귀도와 아들 조슈아가 살아 있다는 희망을 준다. 그런 어려운 현실 속에서도 귀도의 재미있는 모습들은 인생을 어떻게 살아가야 할지 생각하게 하는 마음의 울림과 같다.

인생은 운팔기이다.

예전에 고 이건희 삼성그룹 회장의 막내딸 이윤형 씨가 미국에서 자살한 사건이 있었다. 고 이윤형 씨는 이화여대 불문과를 졸업하고 미국 뉴욕대에 입학해 미술을 전공하고 있었는데 평범한 사람과의 결혼 문제로 자살을 하여 당시 나에게는 충격으로 다가왔다. 또한 고 정주영 현대그룹 회장의 넷째 동생인 정신영 전《동아일보》기자는 형제들 중 가장 명석하여 정주영 회장이 애지중지했었는데 1962년에 독일 함부르크에서 교통사고로 사망했다. 고 구본무 LG그룹 회장은 90년대 중반 고등학생이던 외아들 구원모 씨가 급사하면서 딸만 둘이 남게 돼 바로 아래 동생의 장남을 양자로 받아들이기도 했다. 또한 얼마 전 영화 〈인디아나 존스: 운명의 다이얼〉, 〈발키리〉 등에 출연했던 배우 크리스천 올리버가 어린 두 딸과 카리브해 섬에서 비행기 추락 사고로 사망했다. 그의 나이 향년 51세. 국내 배우 중에는 〈1박2일〉 예능에도 출연했던 유명 배우 김주혁이 2017년에 향년 46세의 나이로 차량 전복 사고를 당해 사망했다. 그리고 샤이니의 종현도 2017년에 향년 27세의 나이로 사망했다.

우리는 평소 엄청난 재벌가의 삶을 부러워하고 유명인의 삶을 갈망하기까지 한다. 하지만 누구에게든 갑자기 이처럼 예고 없는 죽음이 찾아오기도 한다. 아무리 많이 가지고 있고 아무리 유명하고 아무리 똑똑하다고 해도 누군가에게 불행이 찾아오는 것이다. 하지만 김형석 연세대 명예교수는 현재 104세를 살면서 아직 글을 집필

하고 행복한 삶을 살고 있다.

인생은 운이 많은 것을 좌우한다. 예전에는 운칠기삼(運七技三)이라고 하였다. 운이 7할이고 재주가 3할이라는 뜻이다. 이 이야기 유래는 다음과 같다.

한 선비가 자신보다 변변치 못한 자들은 버젓이 과거에 급제하는데, 자신은 늙도록 급제하지 못하고 패가망신하자 옥황상제에게 그 이유를 따져 물었다. 옥황상제는 정의의 신과 운명의 신에게 술 내기를 시키고, 만약 정의의 신이 술을 많이 마시면 선비가 옳은 것이고, 운명의 신이 많이 마시면 세상사가 그런 것이니 선비가 체념해야 한다는 다짐을 받았다. 내기 결과 정의의 신은 석 잔밖에 마시지 못하고, 운명의 신은 일곱 잔이나 마셨다고 한다.

인생은 운이 좌우한다는 것이다. 그런데 요즘과 같이 점점 개천에서 용이 나지 못하는 시대는 특히 운이 8할이고 기가 2할이라는 생각이 든다. 나는 여기서 기를 재주라고도 하지만 기운(氣運)으로 정의하고 싶다.

이 세상은 분자→원자→원자핵이라는 계층으로 나누어지며 이를 쪼개고 쪼개면 소립자(미립자)로 나누어지며 여기에는 양성자, 중성자 등등이 있다. 그런데 이런 중성 미립자는 파동이 있다고 한다. 실험자가 미립자를 입자라고 생각하고 바라보면 입자의 모습이 나타나고, 물결로 생각하고 바라보면 물결의 모습이 나타나는 현상을 양자물리학자들은 관찰자 효과(Observer effect)라고 부른다고 한다. 즉, 미립자는 눈에 안 보이는 물결로 우주에 존재하다가 내가 어떤 의도를 품고 바라보는 그 순간, 돌연 눈에 보이는 현실로 모습을 드러낸다고 한다. 실험에서 물에게 베토벤의 교향곡 〈전원〉을 들려 주었을 때 결정체의 사진을 찍어 보면 밝고 상쾌한 곡조에 어울리게 아름답고 잘 정돈된 결정으로 나타나는데 분노와 반항의 언어로 가득한 시끄러운 음악을 들려주면 그 결정이 제멋대로 깨어진 형태로 나타난다고 한다.

따라서 운의 기운을 부르면 우리 주변에는 운의 물결이 넘쳐 날 수 있다. 아침에 일어나 거울을 보고 혼자서 "난 운이 좋다."라고 50 번씩 크게 외쳐 보자. 그리고 틈이 날 때마다 "난 운이 좋다."라고 말을 해 보자. 그러면 우주에 흩어져 있는 기가 나에게 물결로 몰려와 운의 파동이 넘쳐 나게 될 것이다.

어차피 사람은 죽는다. 아무리 오래 살려고 해도 운이 좋지 않은 사람은 언제 죽을지 모르는 것이다. 그래서 아등바등 인생을 살려고 하는 것이 중요한 것이 아니다. 운이 좋은 사람이 되어야 하는 것이다. 그리고 운은 타고나는 것이 아니다. 운을 부르고 행동하고 운이 좋은 사람처럼 행동하면 반드시 자신에게 운이 넘쳐 날 것이다.

새벽빛처럼 솟아오르고 달처럼 아름다우며,

해처럼 빛나고 기를 든 군대처럼 두려움을 자아내는

저 여인은 누구인가?

- 아가 6장 10절 -

결혼

행복해지기 위해서는 결혼을 하자.

100세 이상을 살아갈 인생에서 결혼은 서로에게 든든한 버팀목과도 같은 것이다. 20대, 30대에는 부부가 만나 둘이 하나가 되어 산다. 그렇게 세월이 흘러 50대가 지나가면 하나씩 아파 온다. 그때 배우자는 배우자가 없는 삶이 몹시 힘들 것이라는 것을 깨닫게 되며 더욱 서로를 아끼고 울타리 같은 존재가 되려 한다. 다만, 그런 울타리가 되기 위해서는 서로가 배우자에게 멋진 사람이 되고자 노력해야 한다.

부부는 서로가 하기 나름이다. 서로의 부족한 부분을 고치려 노력하고 서로 배려한다면 풋사과보다 잘 익은 빨간 사과처럼 맛있게 익어 갈 수 있는 것이다. 잘 익은 사과를 먹는 꿈의 해몽은 '복'을 얻는다는 의미이기도 하다.

오늘 행복을 얻기 위해서 밀린 설거지가 있으면 아내가 일이 있어 외출을 나갔을 때 돌아오기 전에 얼른 설거지를 해 두자. 아내는 남편의 배려에 행복함을 느낄 것이다. 반대로 남편이 낮에 직장 일로 힘들다고 전화가 오면 저녁에 술과 맛있는 안주를 준비해 주자.

지금 당신 곁에 있는 사람

지금 당신 곁에 있는 사람이 내일 이 세상에 없을 수도 있다는 마음으로 사랑하라.

호스피스 병동에서 죽음을 기다리는 사람들을 간호하는 가족들은 자신이 사랑하는 사람이 생떼를 쓰는 것도, 상처를 주는 것도 결국 살아 있다는 증거이기에 성화도 부리지 않을 때면 오히려 더 애처로워 보인다고 한다.

어떤 사람은 평소 남편이 식사할 때 내는 소리가 그렇게 듣기 싫었는데 그 소리조차 사랑스럽다고 말하는 사람도 있다.

지행합일(知行合一)

지행합일(知行合一)해야 한다.

지금까지 매력 있는 사람으로 성공하여 행복할 수 있는 소소한 것들에 대해 이야기해 보았다.

하지만 결국 제일 중요한 것은 아는 것보다 실천하는 것이다. 비만을 치료하는 의사의 40%가 비만이라고 한다. 그것은 지식은 많지만 실천하지 않기 때문이다. 때로는 어린아이들도 다 아는 사실이 있지만 칠십이 되어도 행하지 못하는 사람들이 있다. 그렇기 때문에 세상에는 성공한 사람보다 실패한 사람들이 많은 것이다. 오늘부터 하루에 한 가지라도 실천해 보자. 한 발 한 발 나아가다 뒤를 돌아보면 어느새 여러분의 정상에 가 있을 것이다.

예수님께서는 아드님이시지만

고난을 겪으심으로써 순종을 배우셨습니다.

– 히브리서 5장 8절 –

인생은 혼자서 왔다가 혼자서 가는 것이다.

사람은 알몸으로 아무것도 걸친 것 없이 혼자 세상에 나와, 다시 알몸으로 아무것도 남김없이 이 세상을 떠난다. 태어나 부모를 만나고 또 자신의 가족을 형성하여 자식을 낳고 늙어 가다 보면 언젠가 아내나 남편이나 둘 중 하나는 먼저 죽게 되고, 자식이 찾아오는 횟수도 점점 줄어들면 더욱 적막한 고독의 삶을 맛본다. 어떤 연구 발표에 의하면 60세 이상 부부가 함께 살다 부인이 먼저 죽으면 남편은 3년 안에 죽을 확률이 70%가 넘는다고 한다. 또한 제2차 세계대전 당시 아우슈비츠 강제 수용소에 수용됐던 정신의학자 빅터 프랭클의 관찰에 의하면 가족이나 친지와 격리 수용된 노인은 며칠 안에 죽었고, 특히 할머니가 죽었다고 소식을 들으면 며칠 사이에 할아버지도 세상을 떠났다고 한다.

우리가 살아가다 보면 오롯이 혼자일 때가 있다. 새벽에 아무도 없는 길을 운동을 할 때도 오롯이 혼자와 함께 걷는다. 아침에 운전해서 직장에 출근할 때도 혼자서 운전을 한다. 화장실에 있을 때도 혼자이다. 샤워를 할 때도 혼자이고, 저녁에 퇴근할 때도 혼자이다. 이렇게 혼자인 시간은 늘 우리 곁에 따라다닌다. 결국 언젠가 홀로 돌아갈 우리이기에 혼자라는 것을 즐길 수 있는 준비를 해야 한다. 《백세일기》의 저자 김형석 연세대 명예교수도 2024년 새해가 되어 105세가 되었다. 부모님도 돌아가셨고 아내도 세상을 떠났다. 또한 절친했던 친구들도 이미 세상을 떠났다고 한다. 김형석 교수의 《고독이라는 병》이라는 책을 보면 "단잠에서 깨어났기 때문에, 좀 원망스럽기도 했다."라는 표현이 사무칠 만큼 사랑하는 이들을 떠나보낸 그의 고독이 남겨져 있다. 그런데 그는 혼자만의 삶에 슬기롭게 대처하며 105세를 맞이하고 있다. 그는 책과 강의에서 인생을 3단계로 나눈다. 1단계인 30세까지는 교육을 받는 단계, 60세까지는 직장에서 일하는 단계, 60세 이후에는 사회를 위해 봉사하는 단계라는 것이다. 그러면서 "열매 없는 사과나무는 의미가 없다."라며 "그렇게 본다면 인생의 열매를 맺는 3단계가 가장 보람 있고 의미 있는 시기이다."라고 했다. 김 교수는 살아 보니 60세에서 75세까지가 가장 좋았다고 말한다. 또한 60세에서 75세까지가 모든 것이 성숙하고, 내가 나를 믿고 살 수 있고, 사회적으로도 인정받을 만한 나이여서 인생의 황금기였다고 한다. 그러면서 60세가 넘으면 무조건 공부하고, 봉사 활동을 해도 좋고 무슨 일을 해도 좋으니 절대로 놀지 말고, 취미 활동을 시작하라고 했다. 그래야 새로운 행복을 찾을 수 있다는 것이다. 그의 하루 일과를 보면, 아침 6시에 기상하여 간단한 스트레칭을 하고 이후 10분 기도 명상을 한다. 그리고 6시 30분에 소식으로 아침 식사를 한다고 한다. 아침 식사 후 등산을 하고 책을 집필한다고 한다. 점심에 낮잠을 30분 정도 자고 이후 잡혀 있는 강연이나 방송이 있으면 활동을 하고 이후 저녁 식사를 한다고 한다. 그리고 밤이 되면 일기를 쓰고 10~11시 사이에 취침을 한다고 한다. 강연이나 방송 활동을 제외하면 사실 혼자만의 시간이 대부분이다. 그는 그 시간 동안 집필이나 명상, 일기 쓰기 등으로 자신을 치유한다.

인간은 원래 외로운 존재이다. 외로운 존재라는 것을 알고 세상을 바라보아야 한다. 그것을 자각하지 못하면 혼자되는 고독은 곧 괴로움인 것이다. 어떤 일에 몰두하다 잠시 외로움을 잊을 수는 있지만 결국 자연의 모습은 외로운 것이다.

에필로그 1

하느님이 보낸 사람

　장모님은 이른 나이에 아버지를 여의고 일찍 결혼해 1남 3녀를 낳고 억척같이 자식을 키우신 분이다. 그 시대에는 대부분 남편의 사랑을 기대하기는 어려웠던 시절이었기에 오롯이 자식들만 바라보고 살아오신 어머니이기도 하다.

　거리에 버려진 가구도 쓸 만한 것이 있으면 다시 고쳐 쓰기 위해 집으로 가져오시기도 하고 주변에 손바닥만 한 텃밭이라도 있으면 어떻게든 일구어 살림에 조금이라도 보탬이 되게 만드는 분이시다.

　그렇게 본인을 지키기 위해서는 강한 신념이 필요했을 것이고, 그로 인해 가끔 나와 대립할 때도 있을 만큼 주변을 피곤하게 하시기도 한다. 그런 강한 분이 언젠가부터 연세가 드시면서 기억력도 조금씩 쇠퇴해지시고 건강 또한 안 좋아지시니 자주 죽음에 대해 언급하시는 것이었다. 나는 장모님에게 "장모님, 지금은 백 세 시대입니다. 아직 한참을 더 사셔야 하는데 벌써 죽음을 이야기하십니까?"라고 말씀드리니 장모님은 "윤 서방, 요즘은 그냥 평일에도 성당에 나가고 싶은데 일을 하다 보면 깜빡하고 놓쳐."라며 하소연하시는 것이었다. 그런 모습을 보며 하느님을 찾아가고 싶어 하시는 장모님을 내가 직접 챙겨야겠다는 마음을 먹게 되었다.

그래서 일요일 아침에 성당에 갈 준비를 하면서 장모님께 전화를 드렸다. "장모님, 성당에 가시는지요?" 하니 장모님은 신나신 목소리로 "어, 성당에 가야지." 하는 것이었다. "그럼 10시 15분까지 모시러 가겠습니다." 하니 장모님은 웃으시면서 기다리시겠다고 화답하셨다.

장모님을 모시고 성당에 가는 차 안에서 연신 웃으시는 장모님을 보니 내 마음도 행복했다. 미사를 마치고 나와 다시 집으로 모셔다드리는데 차에서 이런 말씀을 하신다. "나는 죄가 많은 것 같아. 따로 봉사도 하지 않아서 하느님이 나를 용서하지 못하실 거야."

나는 "장모님, 그런 생각 안 하셔도 될 것 같습니다. 장모님은 이미 1남 3녀를 잘 키우셨기에 충분히 하느님의 자식으로 봉사를 하셨습니다. 사람을 죽인 죄인도 하느님께 용서를 구하면 용서해 주시는 분이 하느님이신데 장모님은 분명히 천당에 가실 겁니다." 하니 장모님은 "윤 서방은 하느님이 나에게 보낸 사람 같아. 우리 집에 모든 문제가 생기면 언제든 달려와 해결해 주고 가정도 잘 돌보고 성당에도 열심히 다니고 내가 그렇게 잘해 주지 못한 것 같은데 그래도 이렇게 나를 챙기는 자네를 보면 하느님이 분명 나에게 보내신 게 맞아." 하는 것이었다. 나는 가슴이 찡해 옴을 느낄 수 있었다.

하느님이 보낸 사람…. 우리는 누군가에게 각자의 신이 보내신 사람으로 기억될 수 있다면 얼마나 행복할까. 인생은 짧다. 지구가 만들어진 45억 년, 하느님이 보실 때는 기껏 100여 년을 사는 사람이 하루살이들로 보이실 것이다. 이런 하루살이들이 서로를 미워하고 증오하면서 산다. 하느님이 보실 때는 얼마나 한심하다고 생각하실까 하는 생각이 든다.

배려는 감사를 만나 사랑을 잉태한다. 한 번씩 나의 마음을 아프게 했던 장모님의 기억 속에 결국 나는 하느님이 보내신 사람으로 자리매김하고 있었던 것이다.

우리에게 남은 짧은 인생, 소중한 사람들을 더 열심히 사랑하고 배려하고 챙기며 살자. 언젠가 하늘에서 다시 만났을 때 서로를 기억할 수 있는 사람이 되기 위해서는 지금 곁에 있는 그와 그녀가 나를 하느님이 보내신 사람이라 느낄 수 있도록 가슴 깊이부터 온몸에 채워진 사랑을 해 보자.

그러나 때가 차자 하느님께서 당신의 아드님을 보내시어

여인에게서 태어나 율법 아래 놓이게 하셨습니다.

- 갈라티아서 4장 4절 -

에필로그 2

자식이 행복하니 부모도 행복하다

첫아이는 왠지 늘 가슴에 아린다. 무엇인가 덜 해 준 것만 같아 큰아이를 생각하면 가슴이 짠하다.

그런 큰아이가 강원도 화천에 배치받아 노심초사했던 시간이 벌써 9개월이 지났다. 최전방에 배치되어 영하 22도에 체감온도 영하 30도라는 일기예보를 접하면 늘 걱정이 앞선다. 그런데 그런 아들이 입대 9개월 만에 처음 휴가를 나온다고 한다.

우리 가족은 벌써 큰아이와 함께할 계획을 짜며 기대에 들떴다. 9박 10일의 첫 휴가. 아들은 휴가 기간 중 3일을 우리와 함께하는데 하루는 부산 할아버지 집에서 보내고 하루는 우리와 함께 여행을 갔다가 다시 서울에 올라간다고 한다.

첫 휴가라 보고 싶은 친구가 얼마나 많을까 생각하니 3일 우리에게 주어진 시간이 소중하게만 느껴진다. 휴가를 나와 서울에서 친한 친구들과 3일 정도 보낸다고 한다. 퇴근해서 아내에게 큰아이는 어떤지 물어보니 행복해하는 것 같다고 한다.

그 말을 들으니 왠지 나도 행복함을 느꼈다. 9개월 동안 군대에 있으며 얼마나 나오고 싶었을까 생각하니 더욱 아이의 심정을 공감할 수 있어 저녁 내내 행복했다.

서울에 3일 정도 있다가 4일째 자정 무렵에 포항에 도착해 바로 그날 아침 다시 포항 친구들과 우리 차를 몰고 강릉으로 간다고 한다. 일기예보에는 강릉에 눈이 내린다고 하니 아내의 걱정이 크다. 나는 그래도 큰아이가 하고 싶은 대로 놓아두라고 아내에게 이야기했다. 어렸을 적부터 아이가 하는 일에는 가급적 간섭을 하지 않고 싶은 마음이 컸던 나는, 아내에게 "인명은 재천이니 그냥 믿고 맡겨라."라고 이야기했다.

하지만 역시 모성은 부성보다 강하다. 주말이 겹쳐 보험도 들지 못하고 일기예보상 눈도 온다고 하니 아내가 걱정을 많이 한다. 큰아이는 고민 끝에 친구들과 의논해 강릉의 숙소는 취소하고 전남 여수로 숙소를 예약해 우리 차를 몰고 간다고 한다. 당일 취소로 환불은 비록 못 받지만 그래도 눈이 많이 온다고 해서 솔직히 나도 조금 걱정이 되었는데 여수로 여행지를 바꾸었다고 하니 안심이 되었다.

아침이 되어 큰아이는 출발 준비를 한다고 바쁘다. 본인이 차를 몰고 가는 것으로 친구들과 이야기가 되었는데 보험 문제가 해결이 안 되어 할 수 없이 버스로 일정을 바꾸게 되어 버려 친구들에게 엄청 미안한 것 같았다. 버스 일정도 꼬여 본인들이 짜 놓은 여행 일정이 흐트러지게 되어 속상한 것 같았다.

"아빠가 태워다 줄까?"라고 하니 처음에는 "아니에요. 괜찮아요." 하고 큰아이는 나를 걱정해 버스를 타고 가겠다고 한다. 조금 뒤 친구들과 계속 통화를 하는 것 같았다. 큰아이는 엄청 고민을 하다 나에게 "혹시 아빠, 여수까지 태워 줄 수 있어요?" 하고 조심스럽게 물어보는 것이다.

나는 일말의 망설임도 없이 흔쾌히 "그래, 아빠는 좋지." 하고 화답을 했다. 큰아이는 너무 좋아하며 신나게 친구들 픽업 일정을 잡는다. 나는 아이들이 불편해할까 봐 "그냥 불편하겠지만 아빠가 없다고 생각하고 너희들끼리 편안하게 이야기했으면 좋겠다."라고 이야기했다. 물론 그게 쉽지는 않겠지만….

친구들을 한 명씩 픽업해 전남 여수로 출발했다. 비가 오는 날이고, 게다가 우리 차가 아닌 다른 차를 몰게 되어 평소 운전할 때보다 긴장감이 두 배 이상이었다. 우리 차를 운전하지 못한 것은 주차되어 있는 차를 누가 운전 미숙으로 긁어 버려 서비스 센터에 맡기고 렌터카를 받았기 때문이다.

여수로 향하는 도중 아이들이 나누는 대화를 들어 보니 어른과 아이를 넘나들며 그들의 청춘을 쌓아 가는 모습이 보였다. '나도 저럴 때가 있었는데….' 생각을 하다 아차 싶어 다시 운전에 집중하는 것을 반복하며 달렸다.

내비게이션으로는 3시간 40분이 걸리는데 잠깐 휴게소에 들러 거의 4시간 만에 도착했다. 도착해서 다시 돌아갈 생각을 하니 솔직히 조금 갑갑한 느낌이 들었다. 그냥 여기서 나 혼자 1박을 하고 아이들이 다음 날 포항으로 출발할 때 전화하면 태우고 다시 포항으로 오는 건 어떨까 하는 생각이 들었다. 아이들에게 혹시 그런 건 어떤지 타진해 보니 직접적으로 말은 못 하는데 눈치를 보니 조금 불편해하는 느낌이 들었다. 입장을 바꾸어 보니 괜히 부모가 1박을 하며 대기까지 하는 건 더 미안할 수도 있겠다는 생각이 들어 바로 출발하기로 했다.

갈 때는 그래도 가깝게 느껴졌는데 올 때는 왜 이리 먼지 가도 가도 끝없는 길처럼 여겨졌다. 중간에 휴게소에 들러 간단하게 요기를 하고 다시 출발하며 내가 좋아하는 트로트를 따라 부르려 해도 내 차가 아니라 조작이 여의찮아 그냥 라디오를 들으며 왔다. 포항에 도착하니 오후 6시 30분. 아침 10시에 출발해 하루가 꼬박 지나간 것이다.

그런데 그렇게 피곤하지 않았다. 그냥 가슴 한편에 뿌듯한 마음이 들었다. 이 마음이 어떤 마음인지 잠시 생각해 보니 그냥 자식이 행복하니 부모가 행복한 것이었다.

어렸을 적 정화수 떠 놓고 부엌에서 늘 두 손으로 빌던 엄마의 모습이 아른거린다. 엄마는 그때도 오로지 자식의 행복을 기원하며 그녀의 절대자에게 하염없이 빌었다. 지금도 전화하면 늘 자식의 건강과 행복을 바라는 엄마를 생각하며 나도 오늘 자식들의 건강과 행복을 하느님께 간절히 빌어 본다.

땅 끝들아, 모두 나에게 돌아와 구원을 받아라.
나는 하느님, 다른 이가 없다.

- 이사야서 45장 22절 -

에필로그 3

내 인생의 보물

내 인생에는 우리나라 남대문, 불국사보다 더욱 값진 보물이 있다. 그 보물들은 여느 보물과 달리, 보면 볼수록 나에게 더욱 가치가 있고 아름답게 느껴진다.

첫 번째 보물 제1호는 나의 아내이다.

1999년 그해 5월 내 나이 33살. 별로 크게 가진 것도 내세울 것도 없는 나였지만 왠지 모르는 보상 심리라고나 할까. 점점 시간이 지나면 지날수록 나의 오장육부에 더욱 욕심만 불어나 내 나이는 생각하지 않고 오히려 선을 보는 조건만 더욱 까다로워지고 눈은 더 높아지고 있었다. 하지만 선을 보는 횟수는 많아지고 가족의 강요는 더해져 나는 지쳐 가고 있었고 주위의 관심과 시선은 더욱 나에게 힘겨운 중압감으로 느껴져 결혼에 대한 생각을 반쯤 포기하고 있었다. 이때 갑자기 난데없이 전혀 모르시는 여성분에게서 전화가 왔다. "근무하고 계시는 직장의 직원분에게 선생님에 대한 이야기를 들었는데 혹시 선을 한번 보지 않겠느냐?"라는 내용이었다. 전혀 모르는 여성에게서 갑작스럽게 온 전화라 나는 당혹감에 선보기를 거부했다. 하지만 그 여성분에게서 나온 한마디에 나의 손은 어느새 메모지와 볼펜을 찾고 있었다. 그 한마디는 "김혜수를 닮았다."라는 것이었다. 물론 부산에서 잠시 올라와 계셨던 모친의 권유도 강했지만 솔직한 심정으로 사실 그 말이 더욱더 피부에 와닿았던 것 같다.

그녀를 영일대에서 6시 10분에 만나기로 했다. 하지만 6시 10분쯤 그녀에게서 메시지가 왔다. 갑작스러운 회사 일 때문에 조금 늦어진다는 것이었다. 6시 40분쯤에 그럭저럭 참하게 생긴 여성이 나의 테이블에 와 인사를 하며 자리에 앉았다. 인사를 나누고 이름을 여쭤보았더니 내가 오늘 만나기로 한 여성의 성함이 아니었다. 순간 쑥스러움에 서로 얼굴이 빨개졌고, 그 여성은 황급히 다른 테이블로 이동했다. 짧은 순간이었지만 많은 생각이 교차했다. '오늘도 틀렸구나.' 하는 불길한 생각이 뇌리를 스칠 때쯤 하얀색 셔츠에 검은색 상의와 하의를 걸친 여성이 나에게 다가왔다. 오늘 내가 만나기로 한 그녀였다. 조금 전에 나의 자리에 왔던 여성보다 나아서 그렇게 기분이 나쁘지는 않았지만 높을 대로 높아진 나의 눈 때문인지 한눈에 뽕 가지는 않았다. 1시간 정도를 이리저리 탐색전을 통해 그녀를 파악하고 집에 계신 모친 핑계를 대고 자리를 일어났다. 차를 타고 돌아오면서 나름대로 괜찮은 시간이었다고 느꼈다. 한 가지 마음에 들지 않은 것은 왠지 그녀의 목소리가 술을 먹은 것 같은 목소리로 들려 그게 조금 찜찜하게 느껴졌다. 하지만 그녀는 술을 전혀 입에도 대지 못한다고 했다. 이것도 아마 나의 욕심에 조금이라도 흠을 찾고 있었던 것 같다.

그녀와 헤어지고 돌아오는 도중 다른 여성에게서 전화가 왔다. 어제 전화한 언니의 아는 동생인데 좋은 선 자리가 하나 더 있으니 선을 보라는 전화였다. 난 조금 전에 선을 보아서 별로 보고 싶지 않다고 했지만 그 여성의 이야기는 "하루에 몇 번 선을 보는 사람들도 있으니 밑져야 본전인데 더 좋은 인연이 있을 수도 있어요." 하며 일방적으로 시간까지 잡아 놓았다고 이야기했다. 난 아주 강력하게 거부를 못 하고, 또 '혹시 더 나을 수도 있겠지.' 하는 되지도 않은 생각에 수락을 하고 말았다. 사실 이것이 지금까지도 내 아내에게 매우 미안한 부분이다.

결국 선을 보러 갔다. 그 여성을 본 순간 나의 마음은 점점 굳어져 갔다. 선을 보는 시간 내내 그녀가 보고 싶었다. 아마 그게 인연이었을 것이다. 선을 보고 저녁에 그녀와 만나기로 했다. 그녀를 다시 본 순간 그녀의 밝은 마음과 예쁜 얼굴이 새롭게 나에게 다가왔다. 그 후로 우린 매일 거의 하루에 한 번씩 만났다. 만나면 만날수록 그녀는 이 세상 어떤 다이아몬드보다 수정보다 아름다운 보석이었고 어떤 귀여운 인형보다 사랑스러웠다. 그녀는 누구도 미워할 수 없는 매력을 지니고 있었다.

어느 날 그녀가 나의 보물 제2호를 가졌을 때였다.

그녀는 배가 유난히 남산만 하게 불러서도 매일매일 비가 오나 눈이 오나 뒤뚱거리며 청송대를 걸어 다녔다. 난 안타까운 마음에 웬만하면 하루 쉬라고 했지만, 그녀는 아이에게 좋은 공기를 맡게 해야 한다며 하루도 빠짐없이 청송대를 두 바퀴씩 돌았다. 지나가던 사람들은 어느새 그녀 이야기로 화재를 이룰 정도였고 난 그녀의 그런 모습이 너무 대단하게 느껴졌다.

그녀를 어느 누구도 미워할 수 없는 이유가 또 있다. 배가 너무 불러 병원에 갔을 때였다. 이미 우리 보물 제2호는 거의 4kg에 가까워지고 있었기 때문에 유도 분만을 통해 일주일 빨리 낳기로 결정했다. 사실 난 제왕 절개로 크게 아프지 않게 낳았으면 하는 바람이었지만, 그녀는 한사코 자연분만을 고집했다. 수술실에 들어갔을 때 난 긴장감을 감추지 못했다. 그녀는 고통스러움에 내 손을 꼭 움켜잡고 이를 악물고를 여러 번 반복했다. 그녀가 기진맥진하여 힘이 빠지는 것 같았다. 그런데 의사 선생님이 아이의 맥

박이 떨어지고 있다고 하니 어디서 다시 힘이 솟는지 안간힘을 다해 힘을 주었다. 그것을 몇 번 반복했다. 우리 보물 제2호의 머리가 보이기 시작했고 마지막 그녀의 신음과 동시에 아기가 나오는 것을 보았다. 그 순간 다른 여성들은 어떻게 하는지 보지 못해 모르지만 그녀는 바로 감정에 복받쳐 흐느끼는 목소리로 의사 선생님께 연신 고맙다는 말을 전했다. 나도 눈물이 앞을 가려 어찌할 바를 몰랐는데 그 순간에서도 의사 선생님께 고맙다는 말을 잊지 않는 그녀를 정말 누가 미워할 수 있겠는가?

벌써 그녀를 만난 지 25년이 되어 간다. 우리 보물 제2호는 무럭무럭 잘 커 군대를 다녀와 2학년에 복학을 했고, 보물 제3호는 이번에 대학에 들어가 재미있는 대학 생활을 보내고 있는 것 같다. 나는 그녀와 결혼해 모든 일이 잘 풀려 지금은 총각 때 그렇게 입성하고 싶었던 지곡단지 안에 주택을 짓고 행복하게 살고 있다. 이 모든 행복은 아마 세 보물 덕인 것 같다고 나는 누누이 생각해 본다.

보물 제2호가 다섯 살 정도 되었을 때였던 것 같다. 퇴근을 하고 집에 왔는데 월급날이라고 그녀는 내가 좋아하는 켄터키 프라이드치킨과 맥주를 시키고 기다리고 있었던 것이다. 난 어린아이처럼 좋아하며 샤워하고 나와 아이와 함께 맛있게 치킨을 먹고 있는데, 그녀는 보물 제2호에게 이렇게 말하는 것이었다. "지찬아! 지금 네가 맛있게 음식을 먹을 수 있는 것은 아빠가 한 달 동안 고생해서 우리를 위해 열심히 일했기 때문이야. 그래서 아빠에게 감사하는 마음으로 먹어, 알았지?"
난 먹다가 웃음이 나와 어쩔 줄 몰랐다. 그렇게 말하는 그녀를 보고 무슨 말인지 정확히 알지도 못하면서 고개를 끄덕이는 지찬이를 보니 너무 웃겨 죽는 줄 알았다. 이런 그녀를 위해 나는 매년 그녀의 생일이 되면 내 나름대로의 이벤트로 그녀를 놀라게 해 주고 있다. 서태지는 매년 창작의 고통에 힘겨워했지만, 나는 내 아이디어로 매년 그녀에게 기쁨과 감동을 줄 수 있다는 것이 너무 행복하다. 아이들이 커서 이제는 함께 아내의 생일 이벤트를 준비하니 훨씬 수월하다.

나는 매일 아침 묵주기도를 10단씩 바친다. 지금까지 8천 단 정도를 바쳤는데 묵주기도 10단을 바치기 위해서는 대략 30~40분 정도의 시간이 소요된다. 나의 기도에는 늘 마지막에 "하느님 감사합니다. 아버지, 엄마, 대부님, 대모님, 장인어른, 장모님, 아내, 아들, 딸, 처형, 처제 가족, 형 가족, 처남 가족, 그리고 제가 아는 지인이 모두 건강하고 행복하게 해 주심을 감사드립니다."라고 지향점을 둔다.

지금은 나의 보물 제2호, 제3호가 타지에서 공부를 하고 있어 집에 있지 않지만 어렸을 적 그들은 늘 보물 제1호와 함께 나를 기다리고 있었다. 이 세상 무엇과도 바꿀 수 없는 소중한 나의 보물들.

누군가 갑자기 술을 한잔하자고 한다. 근데 너무 미안하게 난 어느새 액셀에 힘차게 발을 옮겨 외롭게 나의 보물섬을 지키고 있는 보물 제1호에게로 향하고 있다.

"보물 제1, 2, 3호여! 나에게 찾아와 주어 너무 고마워. 그리고 사랑해."